Klaus Ranzenberger

Alles Gute vom Onkel Franz
oder
der Innviertler im Jahreskreis

Klaus Ranzenberger

Alles Gute vom Onkel Franz

oder
der Innviertler im Jahreskreis

VERLAG ANTON PUSTET

Für meine Eltern

Inhalt

Prolog 7

Ding-Dong 11

Das Neujahrsessen (Drama in einem Akt) 20

Zeitreise 29

Hausball 38

Fasten im Innviertel 44

Problemeier 47

Exkurs über die Feinheiten des Sprachgebrauchs 52

Habt's schon ghört? 57

Gleiches Recht für alle 61

Hochzeit modern 64

All inclusive 69

Wellness 74

[sic!] 83

Erlkönig 91

Von null auf hundert 95

Die Vernissage 102

Unruhestand	107
Der Stammtischausflug	116
Alle heiligen Zeiten	127
Nikolo korrekt	130
Schenga dan ma uns nix	135
Sauber spät dran	138
Die Einladung	147
Epilog	154

Prolog

Der Onkel Franz meldet sich zurück. Zurück bei der geschätzten Leserschaft, zurück in seinem geliebten Innviertel. Hatte ich ihn doch im letzten Band, der „Odyssee eines Innviertlers", auf eine Reise geschickt. Auf Wien hat er müssen, der Onkel, in Erbschaftsangelegenheiten. Ein bisserl ist er mir heute noch bös', dass ich ihm Derartiges zugemutet habe. Denn, wie wir wissen, mag er es gar nicht, das Reisen. Andererseits, so hat er mir verraten, konnte er die eine oder andere Einsicht gewinnen auf seiner Irrfahrt. Einsichten, die der Onkel seinen Ansichten hinzugefügt, so manche davon auch etwas abgeändert hat.
„Reisen veredelt den Geist und räumt mit all unseren Vorurteilen auf", wusste schon Oscar Wilde. Dem könnte man ein Zitat von Johann Nepomuk Nestroy entgegenstellen: „Meine Reisen, das war das letzte hinausgeworfene Geld! Ich hab' sollen die Welt kennenlernen und hab' gefunden, die Welt ist grad so, wie ich mir's vorgestellt hab'." Die Onkel Franz'sche Wahrheit liegt wohl irgendwo dazwischen. Wie dem auch sei, er ist wieder zurück. Besucht wieder in gewohnten Bahnen den Wochenmarkt, seine Stammtische und andere Schauplätze, wie wir sie schon aus dem

ersten Onkel-Franz-Band, der „Typologie des Innviertlers", kennenlernen durften. Trifft erneut auf langjährige Weggefährten, die geschätzte Verwandtschaft, aber auch auf bislang unbekannte Zeitgenossen.
Und so ist der „Innviertler im Jahreskreis" auch wieder eine Sammlung verschiedener Betrachtungen und Anekdoten aus dem Universum des Onkels. Wurden diese jedoch damals – gleich dem großen Vorbild Friedrich Torberg – noch in scheinbar willkürlicher Abfolge aneinandergereiht, folgt vorliegendes Buch einem strengen zeitlichen Rahmen. Einem Rahmen, der, wie der Titel schon erahnen lässt, dem Jahreskreis geschuldet ist. Und so nimmt der Onkel Franz uns dann doch wieder mit auf eine Reise. In deren Verlauf wir uns mit ihm durch die Monate, die Jahreszeiten und deren jeweiligen Rituale sowie Feierlichkeiten bewegen. Und uns darin wohl mehr als einmal wiedererkennen werden. So läge es zumindest in der Absicht des Autors. Möge die Übung gelingen.
Dieses Buch wurde übrigens ebenso chronologisch geschrieben. In Echtzeit sozusagen. Will heißen, dass jede der folgenden Geschichten und Betrachtungen auch zu der Jahreszeit, in der sie spielt, von mir zu Papier gebracht wurde. Bei der Gelegenheit möchte ich mich herzlich bei jenen bedanken, die mir – meist unwissentlich – Inspiration waren, indem sie mich an ihren Erfahrungen zum jeweiligen Thema teilhaben ließen. Selbstverständlich wird im Folgenden das Inkognito meiner Informanten zu jeder Zeit gewahrt. Auch habe ich mir die literarische Freiheit genommen, dort und da Erfahrungen mehrerer zu einer zu verweben sowie auch die eine oder andere Abänderung oder Zuspitzung im Sinne einer satirischen Überhöhung vorzunehmen.

Bevor wir uns nun aber auf unsere Jahresreise mit dem Onkel Franz begeben können, ist noch kurz auf die Schreibweise der Dialektpassagen einzugehen. Haben wir in der „Odyssee eines Innviertlers" davon abgesehen, das Idiom des Onkels buchstäblich wiederzugeben, kehren wir in vorliegendem Buch wieder zurück zur Praxis des ersten Bandes. Wie schon dort am Ende des Prologes beschrieben, folgt die Schreibweise dabei nun erneut nicht rein wissenschaftlicher Transkription, sondern vielmehr dem vagen Gefühl einer eher poetischen Lesbarkeit. Und so hoffen wir auch heute wieder, der geschätzten Leserschaft damit gedient zu haben.

* * *

Wir beginnen unsere Reise durchs Jahr – was nicht verwundern wird – am ersten Jänner. Somit ist der genaue Tag der folgenden Handlung bekannt, das Jahr, in dem sie spielt, bleibt unbestimmt. So wird es sich auch in allen weiteren Kapiteln verhalten. Man mag die jeweiligen Szenen in der Jetztzeit verorten oder aber auch in der jüngeren Vergangenheit. Manches könnte sich genauso gut in den Sechziger- oder Siebzigerjahren zugetragen haben oder eben erst im vorigen Jahr. Ich stelle es Ihnen, liebe Leserinnen und Leser, anheim, sich hier Ihren persönlichen Zeitrahmen zu imaginieren. Nur eines ist wie gesagt klar: Wir schreiben den ersten Jänner.

* * *

Der Titel dieser ersten Geschichte ist inspiriert von einem österreichischen Poeten der Neuzeit. Die Rede ist von

Thomas Spitzer, dem Hauptverantwortlichen für die Texte der Musik-/Kabarett-Gruppe EAV. In seinem Werk „Ding Dong, Ding Dong, wer steht da vor der Tür?" dichtete er:

„Mach nie die Tür auf, lass keinen rein.
Mach nie die Tür auf, sei nie daheim.
Ist erst die Tür auf, dann ist's zu spät.
Denn du weißt nie, wer draußen steht!"

Ding-Dong

Der Onkel Franz schaut ein bisserl mitgenommen aus. Als wäre er etwas zu intensiv beim Stammtisch gewesen. Oder hat er gar recht wild Silvester gefeiert? Es war nämlich der Abend des ersten Jänners, an dem ich ihn in diesem Zustand – einem leicht leidenden, könnte man sagen – auf dem Stubensofa vorfand. Ich befragte ihn dahingehend. „Aber geh, Bua", antwortete der Onkel, „Silvester is bei uns oiwei recht ruhig, und Stammtisch hob i erst wieder übermorgen." Der heutige Nachmittag wäre es gewesen, der ihn etwas desperat zurückgelassen habe. „Grad, wie i mi zur Jausen hinsetz', is der Zirkus losgangen. I schenk' mir grad mei Weißbier ein, da läut's an der Tür."
Zur Erklärung sei gesagt, dass dem Onkel Franz seine Abendjause heilig ist. Am Neujahrstag kann es vorkommen, dass er diese bereits am Nachmittag zu sich nimmt. Das Mittagessen ist schmal oder ganz ausgefallen, ein wenig hatte man doch gefeiert. Aber jetzt, gegen halb vier, sieht sich der Onkel in der Lage, ein Weißbier zu genießen, dazu etwas Speck, Käse und Bauernbrot. Vielleicht auch ein Scheiberl Sulz. Dementsprechend sakrosankt ist dieses Hochamt, umso störender der ungebetene Besuch.

Der Onkel Franz erhebt sich also widerstrebend, um die Tür zu öffnen. „Geh Franzl, bleib sitzen, i geh' scho", hätte die Tante jetzt gesagt, wäre sie zu Hause gewesen. Aber die ist vor einer Stunde „kurz auf einen Sprung" zur Nachbarin rüber, das kann erfahrungsgemäß dauern. Noch bevor der Onkel jetzt sieht, wer da stört, hört er sie bereits – die Neujahr-Anbläser. Eh ein schöner Brauch, aber warum grad jetzt? Hilft nicht. Er grüßt freundlich, man kennt sich. Lauscht der dargebrachten Weise, nickt anerkennend. Denn schlecht spielen sie nicht, die vier Mann der Ortsmusik, die sich da in des Onkels Vorbau drängen. Bis auf einen, den mit der kleinen Trompete. Der trifft selten einen Ton, und das hat seinen Grund. Aber dazu später.
Für diejenigen unter der geschätzten Leserschaft, die mit dem Begriff Vorbau nichts anzufangen wissen, sei zuerst dessen architektonische Natur dargelegt. Unter einem Vorbau, auch Windfang genannt, haben wir uns eine Überdachung des Eingangsbereiches vorzustellen, an zwei Seiten von Mauern abgeschlossen, in die nicht selten lichtdurchlässige Glasbausteine eingelassen sind. Auf der dritten Seite ist das Gebilde offen. Da es an diesem ersten Nachmittag des Jahres mehr regnet als schneit, kommt den Musikern diese Möglichkeit des Unterstandes gelegen.
Warum der zuvor angesprochene Trompeter gar so schauerlich bläst, wird nun auch klar. Noch bevor nämlich der Kapellmeister, dem dies eigentlich zukäme, die üblichen Neujahrswünsche überbringen kann, tut er es. Das heißt, er versucht es.
„D'Ortsmusiburgham, Burghamerortsmusi, mechat Prost-undaguatsneichs u…u…und", er unterbricht sich selbst durch einen dezenten Rülpser, „Gsundheitundsoweidasowieso, u…u…und." Er verfranst sich etwas, verliert den

Faden, was er durch seltsames Lachen zu überspielen sucht. „Hehehehehe!" – „Is scho guat, Sepp", übernimmt sein Vorgesetzter. „Da Franzl kennt si aus, goi Franz?"
Da liegt er richtig, der Onkel weiß Bescheid. Eine Geldspende wird nun von ihm erwartet sowie für einen jeden ein Schnapserl. Die Trompete hat anscheinend schon mehrere davon intus. Unter den Klängen des zweiten Musikstücks geht er ins Haus, um seine Börse und den Schnaps zu holen. Aus dem Tabernakel im Herrgottswinkel holt er die Flasche Grappa hervor, die ihm der Scharinger Jacques aus der Toskana mitgebracht hat, der gehört eh weiter. Der Onkel mag das Zeug nicht, die Flasche ist noch nahezu voll. Er begibt sich wieder zur Tür, nicht ohne noch einen sehnsüchtigen Blick auf seine Jause zu werfen. Da läutet es schon wieder. „Was ist denn, i komm' eh scho", denkt er sich, aber es sind nicht die Musiker, die ihn mit erneutem Klingeln antreiben wollen – wäre ja auch eine Frechheit gewesen –, es ist schon wieder wer da.
„Haaa – le – luu – ja, die heilgen drei König' san da!" Es wird jetzt ein bisserl eng in des Onkels Vorbau. Drei Kinder, eines davon trägt den Stern, und ein Erwachsener, alle in den traditionellen Kleidern der Weisen aus dem Morgenland, stehen da nun neben den Neujahr-Anbläsern. Trotz des schwarz angemalten Gesichts erkennt der Onkel Franz seinen Spezi, den Albert. Der gibt den Caspar, wohl zum ersten Mal. Beim Aufsagen des Gedichtes ist es nämlich er, der sich am wenigsten textsicher zeigt. Der Trompeter will helfen, versucht zu soufflieren. Das ist kontraproduktiv, bringt den Albert noch mehr draus. Nachdem dann der offizielle Teil der Sternsingerei mehr schlecht als recht vonstattengegangen ist, begrüßen sich die beiden Stammtisch-Freunde. Wie der Albert denn zu dieser Ehre gekommen sei, will der

Onkel Franz wissen, und er erhält Auskunft. „Ja mei, Franzl, sie finden halt kaum nu Kinder, die mitgehn wollen, jetzt bin i eingsprunga. Drum san ma a scho heut' da, dass ma bis zum achten alle Häuser schaffen. Und 's Gsicht schwarz anstreichen, des is a an mir hängen blieben, da sind s' dagegen, die Eltern vom Finn, von da Jessica und von da Naomi. Weil's politisch ned korrekt wär' oder so. Aber i glaub', es is eher, weil's beim Waschen so schwa obageht. Sog amoi, is des a Schnaps?" Der Onkel versteht den Wink, geht nach drinnen, um ein weiteres Stamperl zu holen. Dabei kommt er wieder bei seiner Jause vorbei. Schnell schiebt er sich ein Stückerl Geselchtes in den Mund.

Ding-Dong. „Herrschaftzeiten, was is denn scho wieder!" Noch kauend geht er zurück zur Tür. Obwohl schon leicht grantig, muss er dann doch lachen. Neben dem Albert steht da nun nämlich ein Neuankömmling – der, der gerade geläutet hat. Und der ist genauso schwarz im Gesicht wie der Sternsinger, aber halt von Natur aus. Stammt im Gegensatz zum Albert wahrscheinlich tatsächlich aus dem Morgenland. Es ist ein Paketbote, an seiner Jacke erkenntlich und an dem Packerl, das er auf dem Arm hat. Es ist an die Tante adressiert, das ist ungewöhnlich. Sie hat noch nie was bestellt, der Onkel Franz sowieso nicht. Trotzdem nimmt er es entgegen, unterzeichnet und bedankt sich. Nachdem diese Transaktion abgewickelt ist, wendet sich der Bote mit fragendem Blick an den dunkel Geschminkten, deutet auf dessen Gesicht. „Ist schon Fasching?", will er in tadellosem Deutsch wissen. Der Albert erklärt den christlichen Brauch, die Miene des anderen hellt sich – sinngemäß gesprochen – auf.

Ein angeregtes Gespräch zwischen den beiden beginnt, alle stoßen mit ihren Schnapsstamperln an. Dem Neuan-

kömmling wird auch eines angeboten, der lehnt ab. „Nein danke, ich darf nicht." – „Aaah", lallt die Trompete, „wegn an Islam, goi?" – „Keineswegs, mein Herr. Ich bin aramäischer Christ. Es wär' eher wegen dem Führerschein, Sie verstehen?" Dem Onkel ist das Ganze peinlich, er macht eine entschuldigende Geste und bietet dem Boten einen Tee an. Den dieser gerne annimmt, und so begibt er sich wieder ins Haus, um Wasser aufzustellen. Als er zurückkommt, haben die Musiker gerade die Kiste Bier entdeckt, die der Onkel Franz zwecks Kühlung im Vorbau aufbewahrt. Auf die entsprechende Bitte hin geht er Gläser holen und einen Öffner, langsam reicht ihm das Theater.
Ding-Dong. Der Onkel Franz hätte sich beinahe verschluckt. Er hat sich nämlich gerade etwas vom Weißbier genehmigt, zur Beruhigung. Auch ein bisserl was von der Jause wollte er zu sich nehmen. Sollen die da draußen doch ein paar Minuten ohne mich auskommen, hat er sich gedacht. Aber jetzt läutet es schon wieder. Er also erneut zur Tür.
Zu den drei Kindern der Sternsinger hat sich ein viertes dazugesellt. Auch maskiert. Es ist der Raifetshammer Marcel von schräg gegenüber. Der hat das Treiben in des Onkels Vorbau beobachtet und sich – in der irrigen Annahme, es wäre schon wieder Halloween – schnell sein Skelett-Kostüm übergeworfen. In dem steht er nun neben Caspar, Melchior und Balthasar und sagt seinen Text auf. „Süßes oder Saures!", wiederholt er unablässig mit einer unangenehmen, krähenden Stimme, die der Onkel noch nie hat leiden können an dem Nachbarbuben. Er geht rein und holt ihm eine Senfgurke. Eine rechte Freude zeigt der Marcel nicht angesichts dieser Gabe. Noch bevor er sich aber darüber beschweren kann, verwickelt der Albert

den Buben in ein Rekrutierungsgespräch. „Kommst halt nächstes Jahr zu uns, zur Jungschar. Da kannst di a verkleiden." Und zum Onkel Franz, auf die Senfgurke deutend: „Gibt's a Jausen?"
Wer den Onkel kennt, weiß, dass sein Geduldsfaden eh recht dick ist, nicht so schnell reißt. An jenem ersten Jänner aber, da ist er schon recht strapaziert, dieser Faden. Dennoch geht der Onkel ruhig zurück ins Haus. Hat schon das Jausenbrettl in der Hand, um es der bunten Versammlung da draußen zu bringen. Besinnt sich aber in der gleichen Sekunde dann doch anders. Ja freilich, so weit kommt's noch! Jetzt komm' zuerst einmal ich dran, beschließt er und setzt sich an den Tisch. Schenkt sich Weißbier nach, nimmt einen tiefen Schluck. Richtet sich ein Brot mit Geselchtem und etwas Kren. Als er gerade genussvoll hineinbeißen will, ertönt erneut der Gong der Haustür-Glocke.
„Jahimmelherrschaftzeitennochamalwasisdennheitjetztreichtsaberbaldwassolldenndeswerisndesschowieder!" Er schimpft selten, der Onkel Franz. Aber an dem Tag, angesichts dieser Besucher-Kaskade, die ihn da in beinahe biblischem Ausmaß heimsucht, und das dann auch noch bei seiner heiligen Jause, da verstehen wir, dass der erneute Gang zur Haustüre von gemurmelten Unmutsbekundungen begleitet wird.
Das Bild, das sich ihm nun in seinem Vorbau bietet, sei an dieser Stelle einmal zusammenfassend beschrieben. Die sternsingenden drei Kinder in ihren prächtigen Gewändern im angeregten Gespräch mit dem Skelett-Marcel, der mittlerweile doch an seiner Senfgurke lutscht. Zwei Nordafrikaner, ein echter und ein geschminkter, die mit Tee und Schnaps anstoßen. Vier bestens gelaunte Musiker, die

sich mittlerweile alle auf den Alkoholpegel der Trompete vorgearbeitet haben und ab und zu ihren Instrumenten einzelne Töne entlocken. Eine Bierkiste, deren Inhalt sich bereits stark dezimiert hat, und eine auch beinahe leere Grappa-Flasche. Und davor, im Türrahmen stehend und dem Onkel mit leicht schief gelegten Köpfen freundlich entgegenblickend, zwei Herren mittleren Alters. Sauber gekleidet, mit Krawatte und Sakko.
Einer der beiden holt gerade ein Prospekt aus seiner Umhängetasche. Als der Onkel Franz schon sagen will, dass er keine weitere Versicherung brauche, wird ihm mitgeteilt, man wäre gekommen, um mit ihm über Gott zu sprechen. Grundsätzlich steht der Onkel Derartigem aufgeschlossen gegenüber. Aber er sucht sich seine Gesprächspartner dabei gerne selber aus. Sei es am Stammtisch, am Markt oder bei anderen Gelegenheiten. Aber sicher nicht an der Haustüre. Und sicher nicht heute.
All das will er den Zeugen Jehovas gerade mitteilen, da läutet es schon wieder. Aber kein Ding-Dong ist es, das nun ertönt, eher ein Rrring-Rrring. Das Telefon. Festnetz, versteht sich. Er macht den beiden Missionaren die Tür vor der Nase zu und nimmt drinnen den Hörer ab.
Meldet sich, seiner Laune entsprechend, nicht gerade überfreundlich. Bei meinem Glück heute ist das jetzt eine Umfrage, denkt er sich gerade, aber nein, Entwarnung. Es ist die Tante. Sie entschuldigt sich, dass sie so lange ausbleibt, man habe sich „verratscht". Erkundigt sich nach seinem Wohlbefinden und kommt dann zum eigentlichen Grund ihres Anrufs.
Die Nachbarin würde gerade eine Jause richten und fragt, ob er nicht herüberkommen möchte. Eine Sulz gebe es und ein saures Rindfleisch. Geselchtes, Käse und Aufschnitt

sowieso. „Gibt's a Weißbier a?" – „Ja freilich, Franzl, die kennt di ja. Was is, kummst umma?" Natürlich kommt er, der Onkel. Er schleicht zur Haustür und dreht leise den Schlüssel um. Schlüpft ebenso leise in Schuhe und Weste und verdrückt sich heimlich durch den Hinterausgang. Im Garten steigt er über den Zaun und gelangt so ungesehen zur Nachbarin. Dort warten schon seine Gattin, eine herrliche Jause und ein frisch eingeschenktes Weißbier.

Ob und wie lange dem Onkel Franz seine ungebetenen Gäste ihre spontane Neujahrs-Party noch weitergefeiert haben, ist nicht überliefert. Als er mit der Tante zwei Stunden und drei Weißbier später heimgekehrt ist, waren sie auf jeden Fall schon alle weg und der Onkel hat sich gleich ein bisserl hinlegen müssen. Zusammenräumen und die Türglocke abmontieren wird er dann morgen. Wenn Sie ihn also in Zukunft einmal besuchen wollen, den Onkel Franz, dann müssen S' beim Küchenfenster klopfen, gell.

***

Manchem geschätzten Leser mag ein derartig konzertiertes Zusammentreffen ungebetener Besucher eher unwahrscheinlich vorkommen. Ich aber sage Ihnen: Genau so und nicht anders hat es sich zugetragen. Und ich muss es wissen, ich habe das Ganze ja schließlich erfunden. Übrigens: Was in dem Packerl, das der Bote aus dem Morgenland beim Onkel abzuliefern hatte, drin war, bleibt vorerst ungeklärt. Vielleicht erfahren wir es in einer der nächsten Geschichten. Oder auch nicht, wer weiß.

***

So hat sich also der erste Tag des Jahres beim Onkel Franz abgespielt. In gänzlich anderer Umgebung, am selben Tag, wenn auch nicht unbedingt im gleichen Jahr, gestaltete sich der Neujahrstag ähnlich turbulent. Wenn auch auf durchaus andere Art.
Um dies zu beschreiben, begeben wir uns auf den Stadtplatz einer unserer Bezirkshauptstädte. Denn hier residiert sie, die Familie Haubinger. Stammlesern ist sie bekannt aus dem ersten Band, neu Hinzugekommenen sei das altehrwürdige Innviertler Kaufmannsgeschlecht kurz vorgestellt. Diplomkaufmann Gerold Haubinger nebst Gattin Irma betreiben im Parterre ihres ererbten Stadtplatzhauses ein feines Schreibwarengeschäft. Edelste Füller und handgeschöpftes Büttenpapier werden dort ebenso feilgeboten wie schnöde Journalhefte. Man beschäftigt eine stattliche Anzahl an Personal und rechnet sich selbst dem gehobenen Bürgertum zu. In den oberen Gemächern des Palais, dem privaten Refugium der Haubingers, befindet sich unter anderem der Salon, aus welchem an diesem ersten Jänner gerade eben die Melodien des Neujahrskonzertes herüberklingen in das angrenzende Esszimmer. Und eben dieses dient nun als Bühne des folgenden Dramas.

Das Neujahrsessen (Drama in einem Akt)

Auftretende Personen:
Diplomkaufmann Gerold Haubinger
Irma, seine Gattin
Elisabeth, sechzehnjährige Tochter der beiden
Leopold, Freund von Elisabeth
Sohn Konrad, sieben Jahre
Weitere Protagonisten werden zugunsten des
Spannungsbogens erst im Laufe der Handlung vorgestellt.

Ort der Handlung:
Großbürgerliches Esszimmer, Eiche und Nussbaum

Anmerkung:
Man spricht in einem der deutschen Hochsprache
ähnlichen Jargon. Ein bisserl Salzburg, ein bisserl
Schönbrunn. So hören sie sich selbst am liebsten,
die Haubingers.

Erster (und einziger) Akt

Gerold Haubinger:
Wunderbar, wie das duftet. Erstklassig wie immer, dein Rinderbraten, liebe Irma.

Irma Haubinger:
Zu gütig, mein Lieber. Bin auch lang dafür in der Küche gstanden. Wenn mir auch die gute Martha etwas zur Hand gangen ist.

Gerold Haubinger:
No, dafür hat man ja eine Zugehfrau, nedwahr? Sag, wo ist s' jetzt, die Martha, trägt s' uns gar nicht auf heut'?

Irma Haubinger:
Ich hab' ihr freigeben, nachdem s' die Knödl und den Bratenansatz bracht hat. Soll ja auch was vom Neujahr haben, nicht? Aber sag du, mein Lieber, was hast' da herinnen die getönte Brille auf?

Gerold Haubinger:
Bei der Clubfeier gestern is mir wohl was ins Aug' gflogen, jetzt is' a wengerl entzündet, fürcht' ich.

Elisabeth:
Man riecht's.

Gerold Haubinger:
Kind, was meinst?

Elisabeth:
Dass du eine Fahne hast, lieber Herr Papa. Man riecht's bis daher.

Konrad:
Da Papa stinkt!

Irma Haubinger (streng):
Sissy, so spricht man nicht mit seinem Vater. Und du, Bub, was fällt dir ein? Halt den Mund und iss!

Leopold:
I mecht mi ja ned einmischen, oba an Mund hoitn und essen geht schlecht, ha?

Gerold Haubinger (nach einem stirnrunzelnden Seitenblick auf Leopold zu seiner Gattin):
Na ja, a bisserl was drunken hamma schon beim Korpsabend. War ja auch Silvester, gell.

Irma Haubinger (gekränkt):
Wo ich nie mitgehen darf. Weil's noch immer keine Frauen zulasst, bei euerm komischen Verein. Immer bin ich allein an Silvester.

Gerold Haubinger:
Hab' ich dir schon mehrfach erklärt, meine Liebe. Die „Eulalia" ist halt a reine Männerverbindung, da kann ich nix dafür. Außerdem hätt' ich auf Mitternacht angrufen bei dir, hat aber niemand abgnommen. Wo warst du?

Irma Haubinger (zögerlich, nach einem kräftigen Schluck aus ihrem Weinglas):
Erst eh z'Haus. Aber dann hat eine Freundin angrufen. Ich möcht rüberkommen ins „Dolce Vita", zum Feiern. Na, und wennst mich eh immer allein lasst, bin ich halt auch ausgangen.

Elisabeth (erstaunt):
Mama! Zu die Prosecco-Schnepfen in d'Eisdiele? Du?

Leopold:
Jo, de kenn' i a, de Weiber. An sauban Duarscht ham de!

Konrad:
D'Mama hot a an Duarscht!

Gerold Haubinger (wirft seine Serviette auf den Tisch, erzürnt):
Jetzt ist amal eine Ruhe da! Was ist denn das für eine Ausdrucksweise? Konrad, so spricht man nicht! Und Leopold, dich kenn' ich gar nicht wieder, wie redest denn du daher?

Elisabeth:
Papa, du checkst gar nix, gell? Das is ja überhaupt ned da Leo, der Schnösel. Den hab' i scho lang abgschossen. Darf ich vorstellen, das is der Lenny.

Gerold Haubinger (fassungslos):
Abgeschossen? Den Leopold Schleindinger? Sohn meines Partei- und Verbindungsbruders? Kind, was fällt dir ein?

Elisabeth:
Genau den. Der war bitte sowas von urfad. Und hat auch überhaupt keine Ahnung ghabt, was a Frau braucht.

Irma Haubinger (steht auf, geht zur Anrichte, schenkt sich Wein nach und trinkt auf ex):
Das kenn' ich, das kenn' ich.

Gerold Haubinger (scharf):
Irma! Sissy!

Konrad:
D'Mama sauft!

Gerold Haubinger:
Konrad! Reiß dich z'sammen, Bub. (und leise) Auch wenn's stimmt.

Irma Haubinger:
Darf man nicht auch amal a bisserl eine Champagnerlaune haben, was?

Das Telefon im Flur läutet, Irma Haubinger geht leicht schwankend hin, nimmt ab.

Gerold Haubinger (zu Leopold/Lenny, streng):
Und nun zu dir, junger Mann. Lenny, das is ja sicher ein Spitzname. Wie heißt' denn richtig? Geht schon, red!

Lenny:
Nix da Spitznam'. Abkürzung. Lennox hoaß i.

Lennox Schößwender. Spitzname Flash. (lacht) Weil i so
schnell bin bei de Mädls, vastehst?

Gerold Haubinger (in die Runde, sichtlich überfordert):
Das ist mir alles zu viel. Und Kopfweh hab' ich auch.
(und zu seiner Gattin, die gerade wieder eintritt) Sag,
Irma, heißt nicht unsre Martha auch Schößwender? Und
wer war da eigentlich am Telefon?

Irma Haubinger (kichert):
Freilich, Schößwender, sowieso. Und am Telefon war
dein Kamerad, der Schleindinger Ferdi. Nicht besonders
nüchtern. Ob du ihn abholen kannst, im Nachtclub, wos
d' ihn gestern mit der Rechnung sitzenlassen hast.
I glaub', der is a bisserl bös' auf dich, dein Spezi.

Konrad:
Was is a Nachtclub, Papa?

Lenny (zu Konrad):
Pass auf, Kloana, des muaßt da so vurstoin. Wann da
Papa ohne de Mama …

Gerold Haubinger (brüllt):
Untersteh dich! Ruhe jetzt! Alle! (und noch lauter,
nachdem es an die Tür geklopft hat) Herein!!

**Martha Schößwender, Zugehfrau
(tritt schüchtern ein):**
Ich wollt' nicht stören, die Herrschaften. Tschuldigung.
Hab' nur was vergessen.

Lenny:
Jo hallo Oma!

Martha:
Lenny, Bua, was machst denn du da?

Lenny:
Ah, ich schlaf' öfter bei da Sissy. Mei neuer Zahn, vastehst?

Martha (kopfschüttelnd):
Jessasmarandjosef, mit'm Dirndl von da Herrschaft. (und darauf, hinter sich deutend) Ah ja, unt' bei der Tür war ein Herr, der wollt' zur gnädigen Frau. Den hab' ich gleich mit raufgnommen. Is' eh recht?

Giovanni, Besitzer der Eisdiele „La Dolce Vita", tritt ein. Dunkler Anzug, im Arm gut ein Dutzend roter Rosen, zu Irma Haubinger:
Belissima! Cara mia! Bin i gekommen, wie versproche gestern! Amore mio, nehm' i di mit in meine Casa. Insieme per sempre, für immer zusamme, si?

Konrad:
Hihi, der Onkel is lustig!

Irma Haubinger erwägt eine vorgetäuschte Ohnmacht, Gerold Haubinger schlägt mit der Stirn auf der Tischplatte auf. Aus dem Salon hört man die Wiener Philharmoniker unisono ein gutes neues Jahr wünschen. Vorhang.

* * *

Das war er also nun, unser kleiner Ausflug ins Innviertler Großbürgertum. Denn das gibt's halt auch bei uns. Zumindest etliche von jenen, die sich dafür halten. Ich persönlich lehne ja dieses ohnehin nur eingebildete Gefälle, jedwede Standesdünkel grundsätzlich ab. Hat nämlich mit Herzensbildung so rein gar nichts zu tun. Der Onkel Franz ist da ganz meiner Meinung. Letztlich, so meint er, kommen wir alle aus demselben Froschweiher. Und recht hat er. Wie oben stehende Geschichte beweist.

* * *

Weiter geht unsere Reise durch das noch junge Jahr. Kaum liegt der Jänner hinter uns, befinden wir uns schon mitten im Fasching. Ja, natürlich, Sie haben recht, streng genommen beginnt der bereits am 11. 11., derart exaktes Vermessen der närrischen Zeit überlassen wir hier im Innviertel aber gerne den Rheinländern. Dennoch gibt es ihn hier bei uns, den Fasching. Ob überhaupt und wenn ja, wie wir ihn begehen, gestaltet sich von Ort zu Ort unterschiedlich. Auch hierzulande gibt es Hochburgen der Ausgelassenheit ebenso wie Enklaven der Verweigerung. Letztlich werden aber beide Haltungen zum Thema Fasching im Innviertel toleriert. Bei uns kann sich jeder auf die Art zum Narren machen, wie er will. Wie der Innviertler im Allgemeinen und der Onkel Franz im Speziellen mit diesem Thema umgehen, versuchen wir nun auf den nächsten Seiten zu beleuchten.

Was vorweg noch anzumerken wäre: Ich hatte es Ihnen ja eingangs zur Disposition gestellt, in welchem Jahr Sie die jeweiligen Geschichten ansiedeln mögen. Dem muss ich nun bereits im ersten Absatz des Nachstehenden widersprechen. Aber lesen Sie selbst.

Zeitreise

Wir wenden uns nun in Folgendem einem besonders dunklen Kapitel unserer Kulturgeschichte zu. Einem gern verdrängten Verhaltensmuster des Homo sapiens sapiens. Oft ist es der Menschheit in der Rückschau schier unmöglich, zu verstehen, wie es zu derartigen Auswüchsen hatte kommen können. Auswüchse, die am Ende der Siebzigerjahre des 20. Jahrhunderts ihren Höhepunkt fanden. Die Erinnerung daran hat sich sicher auch in Ihr kollektives Gedächtnis eingebrannt. Die Rede ist vom Partykeller.
In besagter Epoche beschloss der Mensch aus unerfindlichen Gründen, dass Feierlichkeiten in den eigenen vier Wänden nicht mehr im behaglichen Wohnzimmer stattzufinden hätten, dass man Gäste in Zukunft gar nicht mehr so weit vorlassen würde. Sie nämlich bereits an der Haustür abfängt und gleich die Kellerstiege hinabführt. Man hatte also für etwaige Besucher einen eigenen Raum im Keller geschaffen. Klingt aus heutiger Sicht seltsam, war aber so.
Da man ohnehin viel zu groß gebaut hatte, war meist neben dem Heizraum noch ein geeignetes Kammerl frei. Hier einen Fitnessraum einzurichten, ein Nähzimmer, eine

Hobby-Freizeitwerkstatt oder gar eine Sauna, war damals kein Thema. Da war man sich einig, ein Partykeller muss her!

Zuerst wurden die ungemütlichen Betonwände mit gebeiztem Nut- und Federholz verkleidet und der Boden mit heimeligem Teppichboden ausgelegt. Letzteres war reinigungstechnisch nicht die beste Idee, wie sich schon nach der Einweihungsfeier herausstellte. Dunkle Flecken – wir hoffen, es war Rotwein – und etliche Brandlöcher zeugen noch heute davon. Auch wenn meist nur wenige Kubikmeter Raum vorhanden waren und äußerst beschränkte Lüftungsmöglichkeiten, Ende der Siebziger wurde selbstverständlich todesmutig durchgeraucht.

Nun zur Möblierung: Die nach Neuanschaffung einer futuristischen Couchlandschaft frei gewordene alte Sitzgruppe wurde vom Wohnzimmer in den Keller übersiedelt. Rahmen und Armlehnen aus honigfarbenem, lackiertem Spalierholz, Polsterauflagen in Breitcord, flaschengrün. Dreisitzer, Zweisitzer, Einzelsessel, wie damals üblich. Und immer noch eine Schönheit. Aber halt nicht besonders ergonomisch. Auf dem Ding hat man nämlich nur die Wahl zwischen exakt zwei Sitzpositionen: weit hinten und damit fast liegend oder ganz, ganz vorn auf der Kante. Beides äußerst unbequem. Dafür skandinavisches Design. Der ebenfalls aus dem Wohnzimmer ausgemusterte Couchtisch – Eiche altdeutsch, beige gefliest – lässt sich dafür per Kurbel in die passende Höhe schrauben. Dann geht's schon.

In einer Ecke des Raumes sodann die kleine, viertelkreisförmige Bar. Die ebenso gebogene Messingstange für die Füße und das dunkelbraune Mahagoni-Furnier vermitteln altenglisches Flair. In einem großen bayerischen Möbelhaus,

in der sogenannten Fundgrube, hat man sie zusammen mit den zwei kuhfellbezogenen Hockern zum Schnäppchenpreis erstanden. Hinter der Bar dann bietet ein Regal Platz für Gläser sowie für allerhand Flaschen, die man hier unten schon geleert hat. Eine Art Trophäensammlung. Besonders stolz ist man auf die ganz oben stehende Reihe aus gezählten hundertacht Flascherl Jägermeister.
Komplettiert wird die Einrichtung durch eine ursprünglich aus dem ehelichen Schlafzimmer stammende Kommode, auf der die Kompaktanlage Platz findet. Ein großes, eckiges Ding mit Plattenspieler und Kassettendeck unter einer aufklappbaren, rauchgrauen Acrylhaube. Auch einen Radioempfänger hat das gute Stück, hier unten nur leider ohne Empfang. Darüber dann, an der Wand, diverse gerahmte Whisky- und Wermut-Reklamen auf Spiegelglas. Chic. Besonders wenn die an der Decke montierte Lichtorgel in Betrieb genommen wird und der Wandschmuck die dreifarbigen Strahlen reflektiert. Und in diesen Genuss werden wir heute noch kommen, denn es ist Fasching und Kerschbaumers haben ihre Nachbarn zum Kostümfest in ihren Partykeller geladen. Der Name – Kerschbaumer – ist übrigens wie auch die Namen der Gäste frei erfunden und dient nur der Unterscheidung. Etwaige Ähnlichkeiten sind also rein zufällig und nicht beabsichtigt.
19.30 Uhr, es läutet an der Haustüre. Herr Kerschbaumer öffnet. Wie jedes Jahr geht er als Leichtmatrose. Blau-weiß gestreiftes Leiberl, Halstuch und ein Kapperl aus Pappendeckel. Dazu noch der Anker, den er sich mit dem Augenbrauenstift seiner Gattin auf den Oberarm tätowiert hat, das reicht. Draußen stehen die Maiers. Herr Maier gibt das Karo-Ass, Frau Maier die Herz-Dame. Das sieht man gleich, denn man hat sich die dazu passenden Symbole auf

die Wangen gemalt und Spielkarten an die Hütchen getackert. Der Rest ist noch unter den Wintermänteln verborgen. Die wird ihnen der Hausherr, der seine Gäste ohne Umweg durch die Wohnung sofort in den Keller geleitet, dann abnehmen und in den Heizraum bringen. Da bleiben s' schön warm.
Im Partyraum angekommen, wird zuerst die gelungene Dekoration gelobt. Luftschlangen, Girlanden, Lampions und die an der Wand aufgehängten Masken bieten eine stimmungsvolle Atmosphäre. Man muss sich halt da und dort ein bisserl bücken, der Raum ist ohnehin nicht sehr hoch. Da Frau Kerschbaumer noch in der Küche zu tun hat, versorgt ihr Gatte die Gäste mit einem Aperitif. Zur Auswahl stehen die Klassiker dieser Zeit: Whiskey Sour mit hellroter Cocktailkirsche oder Gin Fizz mit Zuckerrand. Kaum hat man angestoßen, gesellt sich die Dame des Hauses dazu. Sie bringt das Ehepaar Kremser, das soeben eingetroffen ist, mit herunter. Herr Kremser hat sich wie jeden Fasching die Uniform seines Schwagers ausgeliehen und geht als Postler, seine Frau als Schulmädchen. Mit Zopferl und Sommersprossen. Lieb.
Nach dem Aperitif – die Runde ist jetzt komplett – hat man Platz genommen und ist zur Bowle übergegangen, einer gelungenen Mischung aus Grünem Veltliner Marke Gumpoldskirchner Burgtörl, Ritter-Sekt und mit hochprozentigem Alkohol angesoffenen Früchten. Musik läuft auch schon, aber noch leiser. Getanzt wird später, jetzt gibt's Buffet.
Eine Spanplatte, gestützt auf zwei Holzböcke, wurde mit einem Leintuch gedeckt und bestückt. Streng nach bundesdeutschem Standard, wie im „Thea-Kochbuch Nr. 1" vorgegeben. Diesen Ratgeber hatten damals fast alle. Dafür

sorgten die Strukturvertriebspartner von Donauland, dem Amazon der Siebziger. Frau Kerschbaumer – sie stellt heute Abend übrigens eine Haremsdame dar – hat also das halbe Kapitel „Buffet" rezeptgetreu nachgebaut und fast den ganzen Tag mit den Vorbereitungen zugebracht. Aber es hat sich gelohnt. Es ist zuallererst ein Augenschmaus, der sich den Gästen nun darbietet. Auf diversen silbernen Vorlegeplatten warten die Köstlichkeiten auf ihre Bestimmung. Selbstverständlich mit dabei: die Schinkenrolle. Gefüllt mit Gemüsemayonnaise und verziert mit Zickzack-Linien und Tupfern von Mayonnaise und Ketchup, liegen sie da auf einem Bett aus Endiviensalat. Darin wiederum finden sich schwarze Oliven, gespickt mit rotem Paprika. Ein hübscher Kontrast.

Ähnlich gebettet daneben ein weiterer Klassiker: das russische Ei. Für Spätgeborene eine kurze Erklärung, worum es sich dabei handelt. Gekochte Eier werden längs halbiert und das Eigelb entfernt. Das wird mit Mayonnaise und eventuell etwas Joghurt zu einer cremigen Masse verrührt und mittels Spritzbeutel in die Eierhälften rückgeführt. In der Standardvariante krönt ein Tupfer Ketchup die Kreation, bei der De-luxe-Version Kaviar-Ersatz.

Ein weiteres Muss bei jedem Kellerparty-Buffet: der Jägerwecken. Hierzu wird ein Wecken Weiß- oder Mischbrot halbiert und ausgehöhlt. Aus Margarine, Topfen und Sauerrahm entsteht eine Trägermasse, die verschiedene, klein geschnittene Zutaten aufnimmt. Da findet man je nach Gusto Schinken, Gurkerl, Paprika und Erbsen, aber auch andere Gemüsesorten. Die gut durchgemischte Masse wird sorgfältig in den Hohlraum des Brotes gefüllt. Es geht dabei nicht zuletzt um das farbliche Design, das sich zeigt, wenn das Prachtstück aufgeschnitten wird.

Und das geschieht selbstverständlich coram publico, denn Frau Kerschbaumer möchte den Gästen ihr neues Hightech-Gerät – ein Geschenk von letztem Weihnachten – nicht vorenthalten. Das elektrische Messer! Sollte in keinem modernen Haushalt fehlen. Herr Kerschbaumer hat die Verlängerungskabelrolle aus der Werkstatt zum Einsatz gebracht, um Strom aus dem Heizraum in den Partykeller zu transferieren, da die dortigen Steckdosen bereits mit Kompaktanlage und Lichtorgel belegt sind.
Schnell ist der Jägerwecken sauber aufgeschnitten. Die weiteren Genüsse des Buffets – es handelt sich dabei um diverse Aufstriche, Nudelsalat, Lachsbrötchen und Ähnliches – streifen wir nur kurz. Nicht, dass wir die dabei aufgewendeten Bemühungen der Hausfrau nicht zu würdigen wüssten, aber unsere Aufmerksamkeit wird vom Mittelpunkt der Tafel in Anspruch genommen.
Denn da thront er, der absolute Höhepunkt eines jeden Partybuffets der Siebziger: der Käseigel! Seine Basis bildet ein mit Alufolie verkleideter, halbierter Krautkopf. Die in perfekter Symmetrie angeordneten Zahnstocher geben ihm seinen Namen. Und eben die darauf aufgespießten Käsewürfel. Blaue und weiße Weintrauben dürfen natürlich auch nicht fehlen, und da und dort wurde ein Scheiberl Salami eingearbeitet. Frau Kerschbaumer hat auch auf die farbliche Symmetrie geachtet und so ein wahres Kunstwerk geschaffen.
Nach einem ersten ausgiebigen Gang von all diesen Köstlichkeiten und einer dafür nötigen Mindestmenge an Alkoholischem wird nun auch getanzt. Dies gestaltet sich aufgrund der geringen Raumgröße und -höhe zwar etwas schwierig, jedoch nicht unmöglich. Herr Maier – genau, das Karo-Ass – hat aus privatem Fundus die

ZDF-Partykracher '76 auf Musikkassette und Boney M.'s LP „Nightflight to Venus" von 1978 mitgebracht. Passend zum Kostüm von Frau Kerschbaumer legt er „By the Rivers of Babylon" auf und bittet die Nabelfreie zum Tanz.

Zum weiteren Fortgang des Abends sei nur bemerkt, dass die mitternächtliche Gulaschsuppe allen guttat. Außer den bereits erwähnten Getränken kamen nämlich noch zwei Doppler Burgtörl zum Ausschank. Selbstverständlich in stilechten Römern mit grün geriffeltem Fuß und aus dem Weinheber gezapft. Auch die Reihe der leeren Jägermeister-Flascherl konnte erweitert werden. Und man hat sicher auch – wir sind ja im Innviertel – eine nicht zu vernachlässigende Menge Bier zu sich genommen.

Zum Abschluss dieses Exkurses in die späten Siebziger ist noch nachzureichen, dass die Gastgeber damals noch kinderlos waren. Im darauffolgenden November aber brachte Frau Kerschbaumer einen gesunden Buben zur Welt. Björn-Benni – der Vater war und ist noch immer glühender ABBA-Fan – ist heute achtunddreißig Jahre alt und hat an sich ein gutes Verhältnis zu seinen Eltern. Bis auf eine Sache: Er findet sie halt schrecklich spießig. Und hat sich geschworen: So will ich nie werden. Drum ist der Björn-Benni auch Hipster. Das kommt von Hip, was so viel bedeutet wie chic, trendy, angesagt. Und als solcher lehnt er jede Form von spießigem Denken, Handeln, Aussehen, Frisur- und Kleidungsstil kategorisch ab. So ist der Björn-Benni immer dem neuesten Trend auf der Spur. Trug er bis vor Kurzem noch langen Vollbart und Holzperlen um Hals und Handgelenk, ist er neuerdings mit prächtigem Schnauzer und Goldkette zu bewundern. Auch die Haare werden im Nacken wieder länger und die Hosen weiter. Was halt gerade in Berlin-Kreuzberg oder anderen Metropolen angesagt ist. Da ist das Internet schon hilfreich, da steht das alles.

Neuester Trend, und Kerschbaumer-Junior ist da voll dabei: Man geht jetzt zum Feiern nicht mehr unbedingt außer Haus, sondern richtet sich dafür im Keller einen passenden Raum her, streng im Stil der Siebziger. Herrlich schräg und hip! Gestern hat der Björn-Benni seine Mama um ihr altes Kochbuch gebeten, denn eines ist klar: Ohne Schinkenrolle und Käseigel geht bei so einer Hipster-Party gar nichts!

* * *

Nach diesem Ausflug in die wilden Siebziger und zu ihren Ausläufern kehren wir zurück in beschaulichere Gefilde. Wir wenden uns erneut dem Titelhelden dieses Buches zu, dem Onkel Franz. Dessen Zugang zum Thema Fasching sei nun anschließend noch beleuchtet.

Denn ungesellig ist er beileibe nicht, der Onkel. Das wissen wir. Wir kennen aber auch seinen Eigensinn. Eine Eigenschaft, in der viele ein Beharrungsvermögen sehen, dem man durchaus liebenswürdige Züge abgewinnen kann. Andere wiederum sprechen schlicht von Sturheit. Wie dem auch sei, es kann ihm auf jeden Fall getrost unterstellt werden, dass er jedweder Abänderung gewohnter Routinen mehr als skeptisch gegenübersteht. Was jahrelang klaglos funktioniert und zum eigenen Wohlbefinden beigetragen hat, kann ja so schlecht nicht gewesen sein, oder?

Es ließe sich wohl trefflich und lange darüber philosophieren, wem denn nun eher die Rolle des Rebellen zusteht. Dem, der das Fortführen verkrusteter Traditionen ablehnt und ihnen neue Ideen entgegensetzt? Oder ist vielmehr der ein Rebell, der die ihm aufgezwungenen Neuerungen ablehnt und auf seinen gewohnten Routinen besteht? Ich weiß es nicht. Und auch der geschätzte Onkel Franz konnte mir bei dieser Frage nicht wirklich weiterhelfen. Ich unterstelle ihm ja, dass er selbst in solchen Dingen eher situationselastisch veranlagt ist. Was er allerdings auf Befragen rundheraus abstreitet. Sei es wie es sei, am besten, Sie machen sich darüber anhand nachstehender Geschichte selbst ein Bild.

Hausball

„Ja spinnt denn der?", ruft der Onkel Franz aus, als er das ominöse Plakat zum ersten Mal sieht. Hausball beim Egger-Wirt, Faschingsdienstag, 19 Uhr, ist da zu lesen, und der Zusatz – eben jener, der den Onkel so verstimmt – Maskenpflicht. Motto des Abends: Ich bin ein Star, holt mich hier raus! „Kommt ja überhaupt ned infrage", sagt er dann auch zur Tante, als er ihr davon erzählt. „Dienstag is oiwei scho unser Stammtisch beim Egger, und maskiert ham mir uns da nu nia ned." Zwar wäre auch schon früher an besagtem Tag oft einmal eine Faschingsgaudi beim Egger-Wirt gewesen und keiner der Stammgäste hätte sich dabei an den diversen Verkleideten gestört. Aber Maskenpflicht, und dann auch noch mit Motto? Das hätt's unterm Seniorchef nicht gegeben. Doch der junge Egger, der käme jetzt plötzlich mit so modernen Ideen daher.
Eine Woche, bevor dieser Hausball nun stattfinden soll, hält der Stammtisch beim Egger Kriegsrat. Man ist sich einig, „bei dem Blödsinn ned mitz'mocha", und teilt das dem jungen Wirt auch mit, als er die nächste Runde Bier serviert. Doch der lässt sich von dieser Rebellion nicht beeindrucken. „Ja, meine Herren, da müsst's durch, es tut mir

leid. Maskenpflicht für alle, des gilt a für euch. Und bitte passend zum Motto, gell?" Anschließend erklärt er noch, was darunter zu verstehen sei. Einen Star solle man darstellen. Irgendeinen Prominenten halt. Bekannt aus Funk, Film und Fernsehen. „Da fällt euch schon was ein, da bin i ma sicher!", ermuntert er die Stammtischler und entschwindet.
Eine Woche später, Faschingsdienstag, 19 Uhr. Der Stammtisch ist vollzählig anwesend. Allerhand Kostümierte bevölkern schon die Tische rundum und laufend treffen neue ein. Der Onkel Franz bemüht sich, die Masken zu erkennen, zu erraten, wer jeweils dargestellt sein soll. „Der da hinten", sagt er zum Albert, „der mit'm schmalen Anzug und mit'm weißen Hemd, der de Haar' so z'ruckgkammplt hot, i moan, des is da Tschäms Bond, ha?" – „Moanst?", gibt der zurück. „I glaub', des soi eher unser Bundeskanzler sei. Aber der mit'm Frack und de bluatunterlaufna Augen, des is sicher da Dracula, oder Franzl?" – „Oder da Lugner auf'm Opernball", konstatiert der Onkel, „oba jetzt hab' i an Durscht!"
Nachdem sie bei der Resi, der Kellnerin, ihre übliche Bestellung aufgegeben haben, kommt umgehend – anstatt der erhofften Biere – der junge Egger an ihren Tisch. „Meine Herren", sagt er in ernstem Ton, „so geht's aber ned. Is ja keiner maskiert von euch, alle in Zivil. I glaub' ned, dass i euch was servieren kann. Außer dir, Hans, du kriegst was." Und er stellt dem Hans eine Halbe hin. „Super Kostüm. Da Tscharlie Tschäplin, wie er leibt und lebt." Der Hans, der seit jeher einen prächtigen, dunklen Schnauzer trägt, hat sich diesen nämlich auf Nasenbreite zusammenrasiert und eine schwarze Melone aufgesetzt. Dazu seinen Hochzeitsanzug mit Mascherl und fertig. Er ist damit der einzige Stammtischler, der dem Motto Folge leistet, die anderen

sind tatsächlich gekleidet wie an jedem Dienstag. Und der junge Wirt bleibt hart. „Keine Maske, kein Bier. So war's ausgmacht. Tut mir leid."

Der Onkel Franz ignoriert diese Aussage vorerst und stellt nun dem Gastronomen eine Frage: „Jetzt sag uns du z'erst amoi, ois was du heut' gehst. Des kennt ma nämlich ned."

Der junge Egger trägt ein übergroßes rotes Sakko und eine gelblich-blonde Perücke. Als er schon zu einer Antwort ansetzt, fällt ihm der Onkel ins Wort: „Wart, sag nix, lass mi raten. Bist da Donald Trump, goi?" – „A so ein Blödsinn", schnappt der Wirt, nimmt eine dunkle Sonnenbrille aus der Brusttasche und setzt sie auf, „i geh' als Heino, des sieht ma doch." – „Da siehst", sagt der Onkel Franz darauf, „wie ma si täuschen kann. Drum sag' i dir jetzt, als was mir gengan. Der Sepp is da Hans Moser und der Albert geht als Meister Eder. Da Pumuckl is grad unsichtbar. Und i, i geh' als i selber, und zwar original. Kriagn ma jetzt unser Bier?"

Derart kreativen Schutzbehauptungen hat der Hausherr nun nichts mehr entgegenzusetzen, und als der Sepp dann auch noch das Hans-Moser-typische Nuscheln imitiert, gibt er nach. „Dann sollt's es haben, euer Bier", schnappt er mit teils gespieltem Grant, „aber dass' für euch immer eine Extrawurscht geben muss!" – „A Essigwurscht wär' mir lieber", antwortet der Onkel, „aber mit Salzstangerl, goi?"

Es ist dann doch noch ein lustiger Stammtischabend geworden an diesem speziellen Dienstag. Der Onkel Franz und seine Spezi haben noch etwas Kostüme-Raten gespielt und der Hans ist immer mehr in seiner Rolle aufgegangen. Auf dem Weg zur Toilette und zurück hat er jedes Mal den Gang vom Charlie Chaplin nachgemacht. Zur Belustigung aller Anwesenden, auch der Wirt hat herzlich darüber lachen können. Außer beim letzten Mal. Da hat der Hans nämlich seine Melone, die ihn schon ziemlich gedrückt hat, abgenommen. Die verschwitzten Haare sind ihm recht unglücklich übers linke Auge gegangen. So ist er dann quer durch die Wirtsstube gewatschelt. Und als wäre das noch nicht genug, hat er der Resi auch noch mit ausgestreckter rechter Hand ein Zeichen gegeben. Der Hans schwört, dass er lediglich weitere vier Halbe Bier bestellen wollte, und wir glauben ihm das auch. Aber Fasching hin oder her, insgesamt war sein Erscheinungsbild dann doch ein bisserl zu prominent.

***

Nun, ich glaube, es ist klar geworden, dass der Onkel Franz den Fasching als solchen nicht rundheraus ablehnt, aber auch in keiner Weise beleidigt ist, wenn er nicht allzu lange andauert. Was uns zu einer oft gestellten Frage führt. Die aufgeworfen wird, wenn wir Aussagen wie „Heuer war er aber besonders lang (oder kurz), der Fasching, gell?" hören. Jedes Jahr aufs Neue lasse ich mir dann von studierten Menschen erklären, wie es sich in dieser Causa verhält. Ich versuche wiederzugeben, was ich mir davon gemerkt habe. Also: Am 11. 11., dem Festtag des heiligen Martin von Tours, beginnt nicht nur das traditionelle vierzehntägige Adventfasten. Auch werden an diesem Tag seit jeher – die Elf gilt als Narrenzahl – die Narren geweckt. Den eigentlichen Faschingsbeginn markiert jedoch der Dreikönigstag. So oder so, dem Anfang der fünften Jahreszeit ist auf jeden Fall ein fixer Zeitpunkt zugeordnet. Ihr Ende findet sie dann, wie wir wissen, am Aschermittwoch, sechs Wochen vor dem Ostersonntag. Der wiederum nicht jedes Jahr zum selben Datum stattfindet.

Bereits im Jahre 325 n. Chr., auf dem Konzil von Nicäa, wurde Ostern mit dem ersten Sonntag nach dem ersten Frühlingsvollmond festgelegt. Im Mittelalter beschäftigten die Päpste eigens Fachleute, deren Aufgabe es war, den genauen Zeitpunkt des Osterfestes zu ermitteln. „Osterrechner" oder auch „Computisten" wurden diese Spezialisten genannt. Deren Urteil war wichtig, da es nicht immer unstrittig war, wann denn nun der Frühling exakt begänne. Genau genommen wäre das zur Tag- und Nachtgleiche, die Bischöfe hatten sich in Nicäa aber auf ein festes Datum, den 21. März, geeinigt.

So kam es nun gerade erst im Jahr 2019 erneut zu einem sogenannten Osterparadoxon (das nächste solche findet übrigens erst wieder 2038 statt). Tag- und Nachtgleiche war da nämlich exakt am Mittwoch, den 20. März, um 22.58 Uhr MEZ, der darauffolgende Vollmond am Donnerstag, den 21. März, um 2.43 Uhr. Ostersonntag wäre somit streng genommen am 24. März 2019 gewesen. Nach den Vorgaben von Nicäa – und diesen folgt die Christenheit noch immer – stand der erste Frühlingsvollmond 2019 aber erst am Freitag, den 19. April, am Himmel. Daher fiel der Ostersonntag in diesem Jahr auf den 21. April. Was somit für eine besonders lange Faschingszeit sorgte.

Wenn Sie das nun etwas verwirrend finden, dann darf ich Ihnen da zustimmen. Das ist es auch. Ich hab' es ja auch nur an dieser Stelle niedergeschrieben, um in Zukunft zu wissen, wo ich nachschlagen kann. Und als ebenso elegante wie langatmige Überleitung zum nächsten Thema im Jahreskreis. Nämlich der dem Faschingsfest folgenden Fastenzeit.

* * *

Der Onkel Franz und meine Wenigkeit werden ab und zu eingeladen, zu Lesungen, auf Buchmessen oder zu einem Interview. Da kam es auch schon mal vor, dass von manchen die Frage nach der sogenannten Gender Correctness gestellt wurde. Diese würden sie in meinen Büchern oft vermissen, meinen jene Fragesteller dann. Dass Frauen darin selten vor-, und wenn, schlecht wegkämen.
Das stimmt so bitte nicht. Ich weise derartige Vorwürfe aufs Entschiedenste zurück. In Wahrheit kommen mehr oder weniger alle meine Figuren schlecht weg. Werden kritisch hinterfragt, ihre menschlichen Schwächen dabei mit dem Stilmittel der Satire ans Licht gebracht. Sogar der geschätzte Onkel bleibt davon nicht verschont. Das geschieht aber – und Stammleser werden mir da wohl zustimmen – meist durchaus liebevoll und nie verletzend. Weil es jedoch – und hier folgt nun die Conclusio meiner Beweisführung – überwiegend Männer sind, die durch ihr zuweilen paradoxes Verhalten den Stoff für meine Geschichten liefern, kommen sie auch in Überzahl darin vor. Frauen dürften somit statistisch gesehen über weniger schlechte Eigenschaften verfügen oder lassen sich einfach seltener von mir dabei erwischen. Ich weiß es nicht, hoffe aber, mit dieser Sachverhaltsdarstellung allen Gender-Beauftragten Genüge getan zu haben.
Um aber ganz auf Nummer sicher zu gehen, folgt nun – im Sinne einer gewissen Geschlechter-Parität – eine Geschichte, in der ausschließlich Frauen Ziel meiner Beobachtungen sind und dabei mehr oder weniger schlecht wegkommen. Urteilen Sie selbst.

Fasten im Innviertel

„Noch de ganzen Feiertag'", stellt die Dame im gelben Kostüm fest, „kannst eh koa Essen mehr anschaun. Grad der richtige Zeitpunkt für a Diät." Wir sind Zaungast im Eiscafé „La Dolce Vita", wo wir an der Konversation einer illustren Damenrunde teilhaben dürfen. Schon im ersten Onkel-Franz-Band haben wir hier vorbeigeschaut, um in der Geschichte „Ascot im Innviertel" zu erforschen, wie sich hierzulande ein weiblicher Stammtisch gestaltet.
„Man nimmt ja ned zwischen Weihnachten und Neujahr zua, sondern zwischen Neujahr und Weihnachten. Is' ned aso?" Diese rhetorische Frage wirft eine stattliche Endvierzigerin mit Hut in die Runde und widmet sich danach wieder ihrem Tiramisu. „Z'erst de Fresserei am Heiligen Abend, drauf kemman nu zwoa Festtagsessen, wos d' ned Na sagn kannst, dann Keks' verputzen bis zum Silvestermenü, hernach passt mir koa Hosen mehr. Hab' ich also beschlossen, jetzt wird gefastet, basta!" Letzteren Satz spricht die Dame in leidlichem Hochdeutsch aus, um ihrem Schwur feierlichen Nachdruck zu verleihen.
„Drum", stimmt ihre Sitznachbarin zu, „iss i seit Neujahr koane Kohlenhydrate mehr. Gar ned so leicht. Den

Proschutto mit Melone da ohne Brot, des geht ja nu. Aber a Bratl ohne Knödel, eine Folter, sag' i euch!" Giovanni, der Wirt, bringt die nächste Runde Prosecco sowie italienischen Magenbitter. Der geht aufs Haus. Nimmt den mittlerweile leeren Teller an sich und stellt der Dame einen Eisbecher hin. „Prego, bella Ragazza. Gelato con Frutti, ohne Wafferl, wie bestellt."

„Ich", verkündet die Hutträgerin, anfangs wieder in getragener Hochsprache, „schwöre ja auf die Methode des Intervallfastens. Heut' zum Beispüi is alles erlaubt, morgen gibt's nix. Da haut's da d'Kilo oba, des sag' i euch!" Und bestellt sich – quasi als Beweis – einen Espresso nebst Malakoff. Mit Schlag. „I mach' halt viel Bewegung", erklärt nun das gelbe Kostüm zwischen zwei Bissen vom Tramezzino, „mit'm Radl zum Arbeiten in Schrebergarten. Des is anstrengend, gibt aber a guate Farb'." Stolz präsentiert sie dabei ihre Gesichtsbräune. „Ah geh weiter", kontert da eine der Freundinnen, „hör ma auf mit anstrengend. Dei Radl geht elektrisch, und von da Arbeit im Garten wird ma braun im Gnack und ned im Gsicht!"

„Is eh wurscht", versucht die derart Aufgedeckte abzulenken, „jetzt is' dann eh vorbei mit de Diäten, wei bald kummt d'Fastenzeit. Z'erst is nu Aschermittwoch, da gibt's an gscheiten Heringsschmaus, und dann is' aus mit'm Überfluss bis Ostern. I glaub', heuer werd' i Handy-Fasten. Ditschtal-Ditox, verstehst? Da miaßts mi dann halt am Festnetz anrufen, wann's zum Essengeh' wird, goi?"

* * *

Nun, da die holde Weiblichkeit zu ihrem Recht gekommen ist, wenden wir uns wieder dem Onkel Franz persönlich

zu. Und dem nach der Fastenzeit, auf die ja nun ausführlich eingegangen wurde, stattfindenden Osterfest. Beziehungsweise den letzten Tagen davor. Und der schönen Tradition des Eierfärbens. Die Tante ist hier eine wahre Künstlerin. Der Onkel bietet dabei jedes Jahr aufs Neue seine Mithilfe an, wird aber auch jedes Mal sanft, aber nachdrücklich ausgeschlossen von dieser filigranen Tätigkeit. Zu grobmotorisch wäre sein handwerkliches Talent, zu unbeholfen würde er sich anstellen mit derart empfindlichen Werkstücken.
Instandhaltungsarbeiten im und rund ums Haus, dafür sei er gut zu gebrauchen, und mit solchen Aufträgen versorgt ihn die Tante auch regelmäßig. Ein bisserl kränkt den Onkel Franz diese Einschätzung seiner Fähigkeiten, aber nur kurz. Weil, sie hat ja recht, denkt er sich dann immer, wenn sie ihn, wie jedes Jahr, aus der Stube verbannt. Am liebsten hat sie ihn nämlich aus dem Haus, wenn sie sich diesen dekorativen Ostervorbereitungen widmet. So nimmt der Onkel dann auch immer, wie es sich für einen folgsamen Ehegatten geziemt, seinen Hut und geht zum Stammtisch. Oder auf den Markt.

Problemeier

Der Onkel Franz geht, wie wir mittlerweile wissen, gerne auf den Wochenmarkt. Ein lieb gewonnenes Ritual, das in diesem und in vorangegangenen Büchern bereits ausführlich beschrieben wurde. Heute ist es nun wieder einmal so weit. Doch es ist ein besonderer Markt, der da in der Woche vor Ostern stattfindet.
Zunächst deshalb, weil an den Ständen zusätzlich zum üblichen Angebot allerlei Köstlichkeiten ausgestellt sind, die zum Osterfest gerne gekauft und auf die Tische gebracht werden. Die Bäcker locken mit Osterzopf und Osterlamm, die Metzger mit saftigem Osterschinken und dem Fleisch verschiedener Tiere für den Festtagsbraten. Lamm, Rind, Geflügel und vieles mehr, was das Herz oder vielmehr der Magen begehrt. Hasen sieht man weniger in den Auslagen der Fleischhauer. Viele Mütter haben ihre Kinder mit dabei auf dem Markt, da könnten unangenehme Fragen auftauchen angesichts eines Osterhasen, dem man das Fell über die Ohren gezogen hat. Dann lieber aus Schokolade. Die gibt es auch auf dem Ostermarkt, in jeder Größe. Und Eier, so weit das Auge reicht: roh und gekocht, naturfarben oder bemalt, ausgeblasen und mit Spitzen verziert.

Die andere Besonderheit, die beim heutigen Wochenmarkt unübersehbar ins Auge fällt, liegt in der Tatsache begründet, dass in des Onkels Heimatstadt in diesem Jahr am Sonntag nach Ostern Wahlen stattfinden sollen. Der Gemeinderat und der Bürgermeister sind neu zu bestimmen, ebenso die Zusammensetzung des Landtags. Und so finden sich zwischen den Ständen der Marktfahrer heute auch die der wahlwerbenden Parteien. Fünf davon zählt der Onkel, gut zu unterscheiden an den verschiedenen Farben der Luftballons, die die Provinzpolitiker an die Kinder verteilen. Die sind zwar noch nicht wahlberechtigt, wohl aber deren Eltern. Die wiederum bekommen Kugelschreiber geschenkt, Schlüsselanhänger und ähnlichen Kram. Und eine Fraktion verteilt Eier. Eingefärbt in der Couleur ihrer Partei, nebst Logo.
Um welche politische Kraft es sich dabei handelt, soll hier verschwiegen werden, wir wollen neutral bleiben. Darum kann ich auch die Farbe des Eies nicht verraten, das dem Onkel Franz gerade in die Hand gedrückt wird. Er hat nicht aufgepasst und ist – obwohl er sich vorgenommen hatte, dies zu vermeiden – direkt am Partei-Standl vorbeigelaufen. „Um dei Kreuzerl Sonntag in oana Wocha tat ma bittn, Franz." Diese Worte richtet der Hermann an ihn, man kennt sich vom Wirtshaus. Nicht vom selben Stammtisch wohlgemerkt, der des Onkels ist politikfreie Zone. Trotzdem hat der Onkel Franz natürlich eine politische Meinung, weiß auch schon, welche Partei er wählen wird. Die vom Hermann ist es nicht, so viel kann hier verraten werden. „Wahlgeheimnis", sagt er dann auch, das Ei nimmt er trotzdem. Es ist ein Lebensmittel und sollte als solches nicht vergeudet werden, denkt er sich. Und für die Farbe kann es ja nichts.

Zudem belustigt ihn die Szene. Der Herr Gemeinderat hat nämlich einen Haarreif mit Plüschohren auf sowie falsche Hasenzähne im Mund. Letztere behindern ihn etwas beim Sprechen, aber der Onkel hätte wohl die politischen Inhalte, die ihm der Hermann nun gerade näherbringen will, auch sonst nicht verstanden. So hilft es auch nicht, dass der Landtagsabgeordnete, der zur Verstärkung angereist ist, dem Hermann beispringt und irgendetwas von Korruptionsbekämpfung und dem Schutz der schönen Heimat erzählt. Der Onkel Franz repliziert sein für diese Zwecke bestens geeignetes „Jo – na – eh", bedankt sich für das Ei und wünscht noch frohe Verrichtung. Vorsichtig die anderen Wahlkampf-Standl umschiffend, erledigt er ein paar Einkäufe, die ihm die Tante aufgetragen hat. Und strebt danach – wie immer – dem Gastgarten zu, wo bereits der Albert und ein Weißbier warten.

Eine gute Woche später, Wahlsonntag. Die Partei, von der der Onkel Franz das Ei bekommen hat, die, von der wir noch immer nicht gewillt sind, die Farbe zu verraten, hat dramatisch, ja geradezu erdrutschartig an Stimmen verloren. Das Wahlziel, mindestens zweitstärkste Kraft in des Onkels Gemeinde zu werden, wurde meilenweit verfehlt. Von einem Sieg gar nicht zu reden. Nicht einmal auf den dritten Platz hat man es geschafft, mit Müh' und Not konnte ein Mandat erreicht werden. Gerade noch eben so konnte der Listen-Erste, der Hermann, seinen Verbleib im Gemeinderat retten. Aber wie konnte ein derartiger Verlust an Stimmen passieren? Ein kurz vor dem Urnengang aufgedeckter Skandal? Eine Verfehlung des Spitzenkandidaten, die ans Licht gekommen war? Nein, nichts von alledem. Die Eier waren schuld.

Die wurden nämlich am Wochenmarkt noch in großer Stückzahl verteilt und fanden so ihren Weg zuerst in die Einkaufstaschen der potenziellen Wähler und im Anschluss daran auf deren Ostertische. Viele festlich dekoriert, mit feinstem Porzellan und prächtig bestickten Tischdecken. Oft kommt dabei so manches über Generationen weitergegebene Erbstück zum Einsatz. Und über dieser Pracht zelebrierte man dann – eine Woche vor der Wahl – den traditionellen Brauch des Eierpeckens.

Jetzt haben der Hermann und seine Parteifreunde zwar heimische Hühnereier erster Qualität verwendet und sie auch sorgsam gefärbt, auf eines wurde aber vor lauter Wahlkampf-Euphorie vergessen – nämlich die Eier vorher zu kochen. Und so diese Partei-Eier nicht schon in den Einkaufstaschen zerbrochen sind und dort eine Sauerei erster Klasse angerichtet haben, tun sie es jetzt, beim Eierpecken. Die Tafel muss abgeräumt, die feine Tischwäsche eingeweicht werden. Bei manchen hat auch die Festtagsbluse etwas abgekriegt. Kurzum, die Feierlaune ist dahin und der Groll auf die Verursacher groß.

Natürlich haben der Hermann und die Seinen nicht absichtlich so gehandelt. Von Fahrlässigkeit könnte man sprechen, manche unterstellten Dummheit. Dennoch hat's einen Großteil der jahrelang aufgebauten Stimmen gekostet, da sind sie dann wohl etwas nachtragend, die Innviertler. Aber was soll's, in sechs Jahren ist eh schon die nächste Wahl. Und falls die wieder um Ostern stattfinden sollte, Eier verteilt der Hermann sicher nicht mehr. Da gibt's dann wieder Kugelschreiber. Aber die guten, mit Auslaufschutz.

* * *

Übrigens, falls Sie sich diese Frage gerade gestellt haben, der Onkel Franz blieb von gröberen Verunreinigungen durch das Partei-Ei verschont. Wegen des Logos mochte er es nämlich nicht zu den anderen in den Korb legen, den die Tante zu Ostern immer in die Mitte des geschmückten Ostertisches stellt. Und so bemerkte der Onkel den fatalen Irrtum vom Hermann bereits, als er das Ei am Abend schälen wollte, um es zur Jause zu verspeisen. Wurde dann eben eine kleine Eierspeis' daraus. Dazu ein Butterbrot mit Schnittlauch.

* * *

Einer Tradition aus dem ersten Band, der „Typologie des Innviertlers" folgend, verlassen wir nun kurzfristig unseren Weg durchs Jahr, um uns auf einen Exkurs zu begeben. In dem wir einen näheren Blick auf den Sprachgebrauch hierzulande werfen wollen. Die deutsche Sprache an sich ist in ihrer Grammatik, Pragmatik, Semantik und Syntax ohnehin eine höchst komplexe Angelegenheit. Wenn wir aber auch noch ihre österreichische Unterart einer genaueren Betrachtung unterziehen, wird's, gelinde gesagt, etwas unübersichtlich. Zumindest für unsere deutschen Nachbarn. Der Österreicher im Allgemeinen und der Innviertler im Speziellen tun sich da leichter. Geradezu intuitiv erspüren sie den Sinn des Gesagten abseits der reinen Wortbedeutung. Das wird einem hierzulande in die Wiege gelegt. Im Folgenden wollen wir uns dieser Thematik von wissenschaftlicher Seite nähern.

Exkurs über die Feinheiten des Sprachgebrauchs

Die deutsche Sprache, derer wir uns auch hierzulande in gewisser Weise bedienen, verfügt über einen großen Schatz an Ausdrucksformen. Vor allem in ihrer österreichischen Variante bietet sie uns die Möglichkeit, eine getroffene Aussage auf verschiedenste Weise zu relativieren. Der von mir gern und oft zitierte Konjunktiv eignet sich dafür hervorragend. Darüber hinaus stehen uns aber noch unzählige Formulierungen zur Verfügung, die wir benutzen, um uns in dem, was wir kundtun wollen, nicht allzu sehr festzulegen.

Unser Alphabet umfasst sechsundzwanzig Buchstaben, und für einen jeden davon werde ich Ihnen nun ein Beispiel für diese Form der Sprachkunst nennen. Halt, nein, stimmt so nicht ganz. Meine Auflistung wird nur fünfundzwanzig Ausdrücke umfassen, das Ypsilon hat sich hartnäckig meinen Bemühungen widersetzt und trotz nächtelangem Nachdenken wollte mir für diesen Buchstaben kein passender Begriff einfallen. Letztlich kam ich zu dem Schluss, dass das Ypsilon kein Buchstabe im eigentlichen Sinn ist. Zumindest nicht in unserer Sprache. Im

Altgriechischen vielleicht oder in der kyrillischen Semantik. Aber auf gar keinen Fall im Innviertel, so viel ist sicher. Das einzige Wort mit Ypsilon, das der Innviertler kennt, ist Ypsilon. Aber ich schweife ab. Lassen Sie uns beginnen, begleiten Sie mich im Folgenden in die Gefilde der verbalen Schwammigkeit.

Wir beginnen beim Buchstaben A wie „angeblich". Hier ist jede Erklärung überflüssig. Weiter. B steht für „bekanntlich" und verweist die damit verbundene Aussage ins Reich der Gerüchte. C wie „circa" legt sich quantitativ nicht fest, und D wie „durchaus" ist als Bestätigung des Gesagten auch alles andere als gerichtsverwertbar. Beim E stoßen wir auf den Klassiker „eigentlich". Dem ist nichts hinzuzufügen. F wie „fast" drückt eine Behauptung unter die Hundert-Prozent-Marke, und G wie „genau genommen" attestiert der vorangegangenen Aussage genau genommen Ungenauigkeit.

Auf H wie „höchstwahrscheinlich" muss ich wohl nicht näher eingehen, und der Buchstabe I hält ein an Beliebigkeit kaum zu überbietendes „irgendwie" bereit. J wiederum steht für „jedenfalls". Richtig in einen Satz eingebaut, verweist dieses „jedenfalls" alles vor ihm Stehende ins Reich der Vermutung, wohingegen das nachfolgend Gesagte in die Nähe des Möglichen gerückt wird. K wie „kaum" täuscht Geringfügigkeit vor, wo in Wirklichkeit oft aus dem Vollen geschöpft wurde.

Die Buchstaben L und M fassen wir zusammen und erhalten damit die Einlassung „leicht möglich". Damit unterstellen wir einer These eine an Sicherheit grenzende Wahrscheinlichkeit, können dies aber bei Bedarf rundheraus leugnen. N steht für „normalerweise". Mit diesem Beiwort lässt sich leicht auf Fehlverhalten anderer hinweisen, ohne

diese offen zu denunzieren. Auch mit O wie „offenbar" setzt man elegant Anschuldigungen in die Welt. Allesamt beliebte Waffen im politischen Diskurs, achten Sie mal darauf.
Unter P findet sich lokal verbreitet der Ausdruck „praktisch". Der hier aber nicht praktikabel meint, sondern eher das Gegenteil von „faktisch". Postfaktisch sozusagen. Sätze, in denen dieses „praktisch" vorkommt, stellen gern alternative Fakten in den Raum und enden nicht selten mit einem Fragezeichen.
Die Begriffe, die wir den Buchstaben Q, R, S, T und U zuordnen, lassen sich getrost zusammenfassen, da sie allesamt Paradebeispiele für die verbale Taktik des Verschleierns und Vernebelns sind, von der in diesem Exkurs die Rede ist. Jedes dieser Worte dient dazu, dem Gesagten eine gewisse Ungenauigkeit zu verleihen. Die Rede ist hier von den Ausdrücken „quasi", „relativ", „sinngemäß", „teilweise" und „ungefähr". V wiederum steht für „vielleicht" und nimmt einem Angebot oder einer Zusage jedwede Verbindlichkeit. W wie „wahrscheinlich" deutet keinesfalls auf eine hohe Wahrscheinlichkeit hin und macht die damit verbundene Behauptung X wie „x-beliebig".
Das Ypsilon überspringen wir wie angekündigt und landen letztendlich beim Z. Hier sind wir „zweifellos zu neunundneunzig Prozent ziemlich sicher, aber auf jeden Fall zuversichtlich". Wenn Sie sowas hören, vergessen Sie die ganze Sache. Das wird nichts. Zeitverschwendung.
Gut, das war jetzt alles graue Theorie, werden Sie sagen. Sie wollen den Praxisbeweis. Können Sie haben. Lauschen Sie folgendem Konversationsfragment:
„ANGEBLICH lauft der Kredit auf sie. Er soll ja BEKANNTLICH pleite sei. CIRCA fünfhunderttausend solla Schuldn ham. Spuicasino oder so, verstehst? Trau'

ich ihm DURCHAUS zu. Obwohl er EIGENTLICH ganz nett is. Die zwoa sind ja eh schon FAST gschieden, GENAU GENOMMEN dürft' sie schon lang an andern haben. HÖCHSTWAHRSCHEINLICH geht er auch fremd, IRGENDWIE is er der Typ dafür. Freunde dürften s' keine ham, JEDENFALLS laden s' KAUM Leute ein. LEICHT MÖGLICH, dass' was zu verbergen ham. NORMALERWEISE müsst' man s' öfter mal in der Kirchen sehn, aber OFFENBAR sind s' evangelisch. Sie essen ja PRAKTISCH auch kein Fleisch. QUASI Vegetarier, wie die meisten von die Bibelforscher. Oder gar Veganer, des is eh alles RELATIV dasselbe. Alles lauter Sekten. Außerdem hab' i SINNGEMÄSS ghört, dass bei ihm ned alles ganz legal lauft. Auf jeden Fall is er TEILWEISE geschäftlich auswärts unterwegs. Einmal war er UNGEFÄHR fünf Monat' weg. VIELLEICHT eingsperrt? WAHRSCHEINLICH wegen Unterschlagung oder sowas. Freilich, da kann's X-BELIEBIG viel' Gründe für so a lange Abwesenheit geben. Aber ZWEIFELLOS stimmt irgendwas ned. Trotzdem bin i mir ZU NEUNUNDNEUNZIG PROZENT ZIEMLICH SICHER, dass' schon anständige Leut' sind. Da bin ich ZUVERSICHTLICH, das klärt sich bestimmt bald alles auf. Aber ich will ja nix gsagt ham, von mir hast es ned."

* * *

Wie nach einem Exkurs üblich, kehren wir zurück zum eigentlichen Thema dieses Buches. Das Jahr schreitet voran. Gerade noch haben wir nach dem meteorologischen Frühlingsbeginn das Osterfest gefeiert, schon naht der Mai. Die Natur keimt auf, es grünt und blüht allerorten.

Der Winter ist endgültig vorbei, die dicken Jacken und Mäntel werden auf den Dachboden verbannt. Man geht wieder mehr ins Freie, ist leichter gekleidet, der Mensch selbst blüht auf. Maibäume werden aufgestellt, die Gastgärten vor den Wirtshäusern füllen sich. Frühlingsgefühle stellen sich ein. Wir drehen uns nach den Mädchen um (wenn wir dürfen), lächeln ihnen zu. Manchmal wird zurückgelächelt, ab und an wird mehr daraus. Und ehe man sich versieht, ist man verheiratet.

＊＊＊

Der beliebteste Monat für eine Hochzeit ist laut Statistik der Juni. Auch im Innviertel. Da ist das Wetter schön, aber noch kaum jemand auf Urlaub. Noch Etliches mehr mag Anlass sein dafür, dass im Juni so viele Vermählungen stattfinden, so wie es auch mannigfaltige Gründe für eine Heirat an sich gibt. Allen voran selbstverständlich, was sonst, die Himmelsmacht der Liebe. Weniger romantische Gründe – und diese müssen den erstgenannten ja nicht ausschließen – sind Schwangerschaft, Hausbau sowie Vermögens- und/oder Staatsbürgerschaftserwerb. Klingt unromantisch, aber, wie schon Harald Schmidt einmal so treffend sagte: „Wo Geld ist, kann auch Liebe sein."
Vor allem im ländlichen, bäuerlichen Raum kann es vorkommen, dass Erhalt und Vermehrung der Latifundien beim Eingehen einer ehelichen Verbindung eine gewisse Bedeutung zukommt. So hat es der Adel über Jahrhunderte vorgemacht, und so ist es noch heute oft gelebte Tradition in manchen Gegenden unserer Heimat. Angeblich. Aber, wie der Onkel Franz gerne zu sagen pflegt: „Nix Genaus woas ma ned!"

Habt's schon ghört?

"Habt's schon ghört?" Diese Frage stellt der Bürgermeister der kleinen Ortschaft beim Brunner-Wirt am Stammtisch. Es herrscht schönes Wetter, man sitzt im Gastgarten. Hier, unter den mächtigen Kastanienbäumen, lässt es sich aushalten. "Dem Reisingerbauern sei Bua, da Jakob, mecht heiraten. Und zwar des Dirndl vom Nachbarhof, vom Schober." Der Herr Pfarrer, auch Mitglied der illustren Runde, bestätigt das, berufsbedingt ist er eingeweiht. "Da schau her", beteiligt sich nun der Tierarzt am Gespräch, "interessant. Wo sich doch die zwoa Bauern nu nia mögen ham." Er ist ebenfalls beruflich eingebunden, hat auf beiden Höfen besamungstechnisch zu tun. "Wie bei den Capulets und Montagues." Dieser Einwurf kommt vom vierten Stammtischmitglied, dem Herrn Lehrer. Deutsch und Geschichte unterrichtet er an der örtlichen Mittelschule.
Damit sind nun Protagonisten und Gesprächsthema umrissen. Stellen wir uns vor, wir sitzen am Nebentisch und belauschen die folgende Konversation. Wir wenden den vier Herren dabei zwar den Rücken zu, aber das macht nichts. Es ist auch so zu erkennen, wer gerade am Wort ist.
"Da Reisinger und da Schober san ja ned amoi bei da soiben

Partei, des wird nix", meint der Bürgermeister. „Der Bruder Lorenzo", stellt darauf der Pfarrer fest, „der war auch Franziskaner, so wie ich, der hat die zwei in Verona getraut." – „Wie? Wann? Im Urlaub, oder was?" Der Veterinär versteht nicht, bringt gerade die Jahrhunderte durcheinander. „Aber geh, doch nicht den Jakob und die Susi", klärt der Pädagoge den Irrtum auf. „Der Hochwürden meint Romeo und Julia, das Liebespaar vom Shakespeare."
„Liebe vergeht, Joch besteht. Da is dann d'Partei a wurscht", stellt darauf der Ortschef fest, und der Tierarzt meint: „Richtig. Weil der Reisinger hat einen prima Zuchtstier und der Schober die Kiah dazua. Des trifft se guat." – „Langsam, langsam", sagt jetzt der Geistliche, „z'erst wird aber geheiratet, vorher geht da nichts." Worauf der Herr Lehrer fragt: „Was? Is' leicht schwanger, die Susi? Dabei war s' in der Schul' immer so ein braves Mädl."
„De Mitgift is a ned schlecht", meint nun der Bürgermeister, „a Mordstrum Haus hat der Schoberbauer kürzlich hingstellt. Des kriagt sicha 's Dirndl." – „Mit Gift", sinniert darauf der Lehrer, „hat's in Verona damals auch geendet. Tragisch." – „Du scho wieder mit deim Verona", bringt ihn der Tierarzt in die Gegenwart zurück, „die Dreihundert-Quadratmeter-Toskana-Villa, von der mir reden, steht im Innviertel, neban Kuahstoi." – „Erst wird geheiratet, dann zusammengezogen und dann kommen die Kinder! So ist die Reihenfolge, auch im Innviertel", besteht der Herr Pfarrer erneut auf katholische Richtlinien.
„Im Gemeinderat blitzt's oiwei sauber zwischen de zwoa Bauernschädl", erklärt der Ortschef nun nach einem Schluck Bier, „des kann ja a lustige Hochzeit werden." – „Eine Hochzeit", sagt darauf der Theologe, „hat nicht lustig zu sein. Das ist eine ernste Angelegenheit. Da gibt

man dem Herrn sein Jawort." – „Welchem Herrn?" Der Tiermediziner ist erneut etwas verwirrt. „Dem Herrn Reisinger meinst? Aber schon dem jungen, oder?" Hier bringt sich der Shakespeare-Liebhaber wieder ins Gespräch: „Die Julia hätt' ja dann auch den Grafen Paris heiraten sollen, ob s' wollt' oder nicht. Der war auch schon älter. Weil der Romeo war ja auf der Flucht nach Mantua. Wegen dem Tod vom Mercutio, für den er aber gar nichts können hat, weil …"
In diesen Redeschwall des Pädagogen hinein läutet das Telefon vom Tierarzt. Der geht ran, hört kurz zu und meint dann: „Passt, komme sofort. In einer Viertelstund' bin i bei euch." Und zur Kellnerin: „Berta, zahlen, i muaß weg. Entbindung beim Schober. Sei beste Kuah kalbt, do pressiert's!" Der Pfarrer, der nur „Entbindung beim Schober" gehört hat, kennt sich jetzt überhaupt nicht mehr aus. Er schüttelt bekümmert den Kopf und murmelt bloß: „O tempora, o mores. Aber mich fragt ja wieder keiner."
Noch bevor der Herr Lehrer für die anderen übersetzen kann, hört man im Kastanienbaum über dem Stammtisch eine Nachtigall singen. Oder war's doch die Lerche? Auf jeden Fall Zeit zum Heimgehen.

* * *

Wir verlassen Romeo und Julia auf dem Lande, bleiben aber beim Thema. Mehr oder weniger zumindest. Denn es ist auch wieder ein Stammtisch, den wir nun besuchen, und auch dort wird das Thema Eheschließung besprochen. Nur belauschen wir im Folgenden nicht die Honoratioren der Dorfgemeinschaft, wir wenden uns dem anderen Ende der gesellschaftlichen Rangordnung zu.

Wir besuchen Wickerl und die starken Männer. Schon im ersten Band habe ich diese Bezeichnung gewählt, um eine Spezies von Stammtischlern zu beschreiben, die ebenso vorkommt in unseren Wirtsstuben. Ob es uns gefällt oder nicht. Denn es ist nicht immer unsere Art zu denken, die hier zum Ausdruck gebracht wird.
Die Rede ist vom Zweierstammtisch. In unserem Fall vom Wickerl und vom Erich. Langjährig befreundet, Brüder im Geiste und nach wie vor unbeweibt, tagen sie dreimal die Woche beim „untern Wirtn". Dort studieren sie gemeinsam die kleinformatige Tageszeitung und besprechen die darin kolportierten aktuellen Themen. Nur eben auf ihre Art. Aber hören Sie selbst.

Gleiches Recht für alle

„Do schau her, jetzt steht's a in da ‚Krone'. Jetzt is' amtlich." Der Wickerl sitzt, wie eh und je, auf seinem Stammplatz in der Stube vom „untern Wirtn". Am Ende des langen Tisches, links vom Eingang, gleich hinter der Garderobe. Da, wo die Zeitungen hängen. Ums Eck zu ihm der Erich, treuer Weggefährte seit Grundschultagen. Und wie immer hat es der Wickerl übernommen, das Kleinformat nach Gesprächsstoff zu durchforsten. Und ist fündig geworden. „I glaub's jo ned, jetzt dürfen d'Frauen a scho heiraten." Tonfall und Gestik legen nahe, dass er in dieser Tatsache einen unerhörten Sittenverfall sieht. „Geh Wickerl", entgegnet der Erich, „d'Frauen hom do eh sch oiwei heiraten dürfen. Wo kommat'n sunst d'Kinder her, oder?" – „Jo", korrigiert ihn der andere, „im Ausland vielleicht, oba do ned bei uns. Des is nei." – „Nei", lässt sich der Erich nicht beirren, „nei is bei uns, dass' wählen dürfen. Gheirat hom s' scho immer."
Augenscheinlich wird hier einigermaßen aneinander vorbeigeredet. Kommt bei den beiden aber öfter vor. Man sitzt ja schon länger an diesem Spätnachmittag, und die Herta, die Kellnerin, bringt auch gerade die fünfte Runde

Bier. Nebst Schnapserl. Und trägt, nachdem sie die Stricherl-Liste auf den Bierdeckeln erweitert hat, das Ihre zum Thema bei: „Des mit de Frauen gangat ja nu, oba d'Männer dürfen jetzt a." – „Wos? Wählen?" Nachfrage vom Erich. „Oba geh, na. Heiraten. Männer dürfen jetzt auch heiraten!" Ob dieser Ungeheuerlichkeit verfällt der Wickerl beinahe ins Hochdeutsche.

„Männer und Frauen", versucht der Erich den gordischen Konversations-Knoten aufzulösen, „hom scho immer gheirat. A im Ausland. A durt, wo s' ned wählen dürfen. Was, bitte, is da jetzt nei dran, ha?"
Der Wickerl nimmt einen tiefen Schluck vom Bier und nähert sich der verzwickten Materie vom juristischen Standpunkt her. „Z'erst hom mir des Wahlrecht kriagt, dann die Schweiz. Und zum Heiraten hot ma a Erlaubnis braucht vom Chef. Oder vom Bürgermasta. Und a Wohnung host sowieso erst danoch kriagt. Oba a Mann hot a Frau heiraten müssen oder umgekehrt. Beim Kreisky hot's sogor a Göd dafür geben. Prost!" Der Wickerl hat anscheinend den eigenen Faden verloren. Der Schnaps, den er nun gerade mit dem Erich trinkt, und ein erneuter Blick auf die „Kronen Zeitung" bringen ihn dann aber wieder auf die richtige Fährte. Er doziert weiter. „Und de, de ned heiraten dürfen hom, hom an Vertrag gmacht. Einträgliche Partnerschaft hot des ghoaßn. Oba ohne Kircha."
„Mei Schwester hot a nur standrechtlich gheirat", erzählt der Erich. „Weil mei Schwager is Evangeliker. De dürfen nur ohne Kircha." – „Bei denen dürfen oba d'Pfarrer heiraten", entgegnet der Wickerl, „bei uns ned."
Jetzt fällt der Blick vom Erich auf das Kleinformat. Dort ist das glückliche Ehepaar abgebildet, von dem von Anfang an die Rede war. „Jo sog amoi", fällt bei ihm nun anscheinend

der Groschen, „des san jo zwoa Weiberleit. Und alle zwoa im Hosenanzug. Und de dürfen jetzt heiraten? Ollerhond!" – „Sog i jo de ganze Zeit", entgegnet der Wickerl. „I frag' mi nur, wer von de zwoa dann arbeiten geht und wer dahoam an Haushoit mocht. So weit werden s' wohl wieder ned dacht hom." – „Genau", stimmt ihm der Erich zu, „und bei zwoa Männer wird's a schwierig. I moan, wer von de foahrt dann 's Auto, wer geht zum Stammtisch oder zum Fuaßboi, ha?"

Die Herta bringt unverlangt die Rechnung. Eine langjährige Tradition. Ab einem gewissen Alkohol- und Schwachsinns-Pegel fällt ihr als Fachfrau die Aufgabe zu, den Zweierstammtisch der beiden Philosophen zu beenden. Ohne Widerrede begleichen der Wickerl und der Erich ihre Zeche und machen sich auf den Heimweg. Arm in Arm, sie stützen sich gegenseitig. Ein schönes Paar.

* * *

Es wird weiter geheiratet. So vielfältig die Gründe für eine Hochzeit sein können, so unterschiedlich gestaltet sich oft die Feierlichkeit selbst. Da sind die Geschmäcker verschieden, scheiden sich die Geister. Es sollen sich ja schon Brautleute während eines Fallschirmsprunges oder unter Wasser das Ja-Wort gegeben haben. Gut, das sind jetzt extreme Ausreißer, zugegeben. Aber auch zu ebener Erde und auf trockenem Land tauchen oft eigentümliche Wünsche, die Hochzeitsfeier betreffend, auf. Nachstehende Geschichte ist mir aus sicherster Quelle hinterbracht, nämlich vom Onkel Franz persönlich.

Hochzeit modern

Der Schobetsberger René, einer der zahlreichen Neffen des Onkel Franz, will heiraten. Der René ist ein moderner, junger Mann Anfang dreißig und immer nah dran am neuesten Trend. Drum will er auf gar keinen Fall eine traditionelle Hochzeit haben. Aber der René ist auch retro. Das heißt auf Deutsch rückwärts und meint, dass man sich von dem Altmodischen, welches man ansonsten rundheraus ablehnt, dann doch ein bisserl was aussucht, um damit besonders modisch zu erscheinen. Retro eben. Wenn Sie jetzt finden, dass das etwas widersprüchlich klingt, so liegt das wohl daran, dass es das auch ist. Aber nun zu unserer Geschichte.

Der René hatte im Zusammenhang mit seiner Verehelichung eine Bitte an den Onkel Franz. Die Puch MV50, des Onkels geliebten „Hehnerstauber", will er sich ausborgen, um damit zum Altar zu reiten. „Aha", meinte darauf der Onkel, „und dei Carmen, de hockst auf'n Packltroga, oda wia?" Aber nein, erklärte der René, seine Auserwählte würde ebenfalls mit einem Zweirad zur Trauung kommen, mit ihrer alten Vespa. Voll retro eben. Der Onkel Franz lässt eigentlich niemanden mit seinem Pucherl fahren, eiserne

Regel. Aber in diesem Fall konnte er schlecht Nein sagen. Aufpassen werd' ich wie ein Haftlmacher, dachte er sich, und dem Buben das Moped oben bei der Kirche gleich wieder abnehmen und in Sicherheit bringen. Laut sagte er: „Do werd' er aber schaun, der Hochwürden, ha?"
„Welcher Hochwürden? Ah so, da Pfarrer. Nana, Onkel, wir heiraten ja ned kirchlich. Des is nix für uns. Im Schloss findet die Zeremonie statt, da gibt's eine schöne altgotische Kapelle. Und da traut uns dann unser Yoga-Lehrer, der Asango. Bei dem haben wir ja a des buddhistische Paarseminar vorher gmacht."
Was ihm sein Neffe da gerade kundtat, löste beim Onkel Franz innerliches Kopfschütteln aus, er ließ sich aber vorerst nichts davon anmerken. „Aha, olles a bisserl anders, goi? Warum nicht. I hob ma jo z'erst dacht, du fragst mi, ob i da den Progroda moch." – „Den was?" Mit diesem Wort konnte der René wohl nichts anfangen. Ein Prograder (vom lateinischen Procurator), klärte ihn der Onkel auf, wäre ein Hochzeitslader und Zeremonienmeister, der sich um den reibungslosen Ablauf der Feierlichkeiten kümmern würde, sodass das Brautpaar den Tag möglichst unbeschwert genießen könne.
„Ah so, a Wedding-Planer. Na, so einen ham wir schon. Der kümmert sich um alles. Ums Jazz-Trio, den Harlem-Gospel-Chor, ums Flying-Buffet und dass des mit dem Location-Switch hinhaut." – „Den was?" Jetzt war es der Onkel, der nicht alle Ausdrücke verstand, vor allem den letzten nicht. „Location-Switch. Des war so a Idee vom Sven, unserm Wedding-Planer halt. Er hat gmeint, es wär' cool, wann nach den achtzehn Gängen, der Show-Dance-Einlage und dem Feuerwerk ein Teil der Gäste heimlich mit der Braut woanders hingehen und dort weiterfeiern würd'.

Da gäb's im Schloss ein Gewölbe, des tät' sich dafür eignen. Und ich komm' mit den anderen später dazu. Also, ich würd' dann so tun, als würd' ich sie suchen, verstehst?" Da schau her, dachte der Onkel Franz, Brautstehlen einmal ganz anders.
Weiters erfuhr er vom Neffen, dass man sich auch von der Kleidung her etwas abheben möchte vom Üblichen. Die Carmen würde einen weißen Frack tragen und er habe sich für ein Outfit im Stil des 18. Jahrhunderts entschieden. Anstatt der langweiligen Eheringe ließe man sich an gleicher Stelle den Namen des Partners goldfarben eintätowieren und Torte gäb's auch keine. Dafür verschiedene Mini-Desserts in Herzform. Die Gästeliste wär' auch eher kurz, der Onkel sei einer der wenigen Verwandten, die man einladen würde. Wegen dem Moped. Nur bei den Hochzeitsgeschenken, da möchte man ganz traditionell bleiben, da wünsche man sich Geld.
„Aber dein' Namen nimmt s' dann scho an, dei Frau?", fragte der Onkel Franz lediglich nach. Denn zu den anderen Spintisierereien fiel ihm grad gar nichts ein. Fast könnte man sagen, er hätte einen kleinen Schock erlitten durch so viel Innovation. „Teilweise", antwortete der René, „wir haben uns da für Doppelnamen entschieden. Und zwar mit dem jeweilig eigenen zuerst. Verstehst?" Der Onkel verstand, gab aber zu bedenken, ob das dann nicht ein bisserl sperrig wäre. „Sperrig? Wieso?" – „No jo. Carmen Ivonne Hausleitner-Schobetsberger, do unterschreibst scho a Zeitl, oder?" Auf diesen Einwand wäre der nunmehrige René Pascal Schobetsberger-Hausleitner nicht mehr eingegangen, erfuhr ich auf Nachfragen, er hat wegmüssen. Brain-Storming mit dem Wedding-Planer, ein paar Details wären noch zu klären.

Wie denn die Hochzeit so war, wollte ich vom Onkel Franz wissen, ob er eh dort gewesen wäre. „Sowieso", begann er seine Schilderung, „wär' jo gar ned gangen ohne mi. Da Wedding-Planer is nämlich ausgfallen, den hat's mit'm Mauntnbaik gschmissn. Dann bin halt i eigsprunga und hob an Progroda gmocht. Und weil da Asango auf a gache Erleuchtung auf Indien müssn hot, hot s' dann doch da Pfarrer bei uns in da Kirchen traut. Danoch samma zum Dorfwirtn auf Koibsbraten und Schnitzel, und die Tante hot nu schnoi a schöne Schwarzwälder-Kirsch zamdraht. Gspüit hot d'Innviertler Sechser-Musi, und de ganze Verwandtschaft war a do. I moa, dass ma guat hundert Leut' warn."

Dadurch wäre eindeutig mehr an Geldgeschenken zusammengekommen und die Kosten der Hochzeit dennoch weit geringer ausgefallen. „Weil", stellte der Onkel Franz dann abschließend fest, „wann's um de Finanzen geht, da is er dann doch eher altmodisch, da Bua."

* * *

Nach der Trauung ist vor der Hochzeitsreise. Wohin diese den René Pascal mit seiner Carmen Ivonne geführt hat, ist nicht überliefert. Wir wollen auch hier im Weiteren nicht auf diese spezielle Art des Verreisens eingehen, wir wenden uns dem Thema Urlaub an sich zu. Juli und August zeigt der Kalender nun an, und das sind die Ferienmonate schlechthin. Gerade Familien mit noch schulpflichtigen Kindern sind an diese Termine gebunden und an die damit einhergehende Preissteigerung zur Hauptreisezeit.

Das Reisen an sich ist nicht die Sache des Onkel Franz, das wissen wir. Eine spezielle Spielart des Urlaubs, die immer mehr um sich greift, schon gar nicht. Die Rede ist von All-inclusive-Angeboten. Der Onkel würde nicht für viel Geld an derartigen Veranstaltungen teilnehmen, so viel ist sicher. Mit dem Moped zum Badesee, grad noch. Aber dann auch nur, wenn's dort einen Wirt gibt. Weil auch das Baden ist nicht das seine. Dafür gebe es Badezimmer, sagt er. Aber gemeinsam mit anderen herumplantschen, und dann gar noch – wie bei den meisten All-inclusive-Reisen – eingesperrt auf so einem Clubgelände irgendwo am Meer, kommt ja überhaupt nicht infrage! Wäre aber eh eine rein rhetorische Frage, weil er nämlich gar nicht wegfährt, der Onkel Franz.

Dennoch gibt es auch hier in unserem schönen Landesteil nicht wenige, die dieser Art des Auslandsaufenthaltes einiges abgewinnen können. Und die haben dann interessanterweise meist auch noch ein ausgeprägtes Mitteilungsbedürfnis nach ihrer Rückkehr. Ich weiß, wovon ich rede. Man erzählt mir nämlich gern davon.

All inclusive

„Was, du hast das noch nie ausprobiert? Wieso nicht? Super Sache! Ich schick' dir gleich einmal den Link zu der Buchungsplattform, gell?" So sprach zu mir dieser Tage ein Bekannter, der grad aus dem Urlaub zurückgekommen war. Auf irgendeiner griechischen Insel war er. Im Tiki-Taka-Beach-Ressort, all inclusive, echte viereinhalb Sterne (warum wird hier eigentlich immer betont, dass es „echte" Sterne seien?). Und ob ich wollte oder nicht (ich wollte nicht), mir wurden nun haarklein sämtliche Vorteile dieser Art zu urlauben aufgezählt:
„Geht los mit Frühstücksbuffet im Hauptrestaurant. Du kannst dir nicht vorstellen, was es da alles gibt. Und alles all inclusive (verzeihen Sie diese Tautologie, ich gebe nur wieder, was ich gehört habe), Wahnsinn!" Sodann wurde mir jede dort erhältliche Sorte Müsli mit Vor- und Zunamen aufgezählt, die verschiedenen Wurst-, Käse- und Brotsorten ebenso wie die Auswahl an Heiß-, Kalt- und Lauwarmgetränken. Ich erfuhr auch von den zahlreichen Möglichkeiten, Eier, Speck und Würstel zuzubereiten, dass man noch nie einen so großen und so schönen Obstkorb gesehen habe und dass der Prosecco selbstverständlich auch

inclusive, also gratis sei, so viel du willst! Wahnsinn, oder? Ich selbst hab's ja nicht so mit dem Frühstück. Ein ordentliches Mittag- und/oder Abendessen ist mir schon lieber. Sagte ich dann auch unvorsichtigerweise. Die Aufzählung begann nun nämlich von vorn. Schauplatz: erneut Hauptrestaurant (es dürfte also auch ein oder mehrere Nebenrestaurants gegeben haben, aber dazu später). „Sämtliche Fische, die's so gibt, Meeresfrüchte auch, Fleisch vom Rind, Kalb, Schwein und Huhn. Pute sowieso. Soße braun, Soße hell, Soße scharf. Gemüse in jeder Variation. Allerhand Nudeln und Reissorten. Pommes, Kroketten, Potato Wedges, Brat-, Salz- und Röstkartoffeln. Alles, was du dir vorstellen kannst!" Ich kann mir viel vorstellen, glauben Sie mir. In jenem Moment stellte ich mir allerdings gerade vor, selbst am Abend höchstens einen Teller Gemüsesuppe zu mir zu nehmen. Mir war nämlich vom Zuhören leicht unwohl im Magen geworden. Doch mein Informant schonte mich nicht, es ging weiter.

„Und wenn du dann mal eine Abwechslung willst, also vom Essen her, gell, dann hast du nur zwei Tage vorher in einem der vier Spezialitätenrestaurants auf dem Gelände reservieren müssen. Ristorante il Mare, Asia Palace, Mexikaner und Franzose, freie Auswahl und alles all inclusive, Wahnsinn!" Mit der Aufzählung, was es denn dort so alles gegeben hat, verschone ich die geneigte Leserschaft, diese halbe Stunde sparen wir uns.

Ich gebe hier nur kurz den Eindruck wieder, der vor meinem geistigen Auge entstand. Beim Spezialitätenrestaurant „il Mare" handelte es sich anscheinend um eine Art Pizza-Stand mit Gastgarten, und das „Asia Palace" stellen Sie sich einfach vor wie den schlechtesten Chinesen, den Sie kennen. Der Mexikaner war wohl ungefähr so wie

McDonald's in scharf, und der Franzose wegen Umbau geschlossen. Aber alles all inclusive. Wahnsinn, oder? Aber Moment mal, wo war der noch mal? In Griechenland? Und wo gab's dann das griechische Essen? „Das? Ach so. Da hätt' man raus müssen aus dem Ressort, da war so eine Taverna auf der anderen Straßenseite. Wär' aber dann zum Zahlen gewesen dort. Ich bin ja nicht blöd. Wo wir doch drinnen alles all inclusive haben, oder?"
Da musste ich dem Mann natürlich recht geben. Der übrigens eben nahtlos dazu übergegangen war, sämtliche alles all inclusive inkludierten Sportmöglichkeiten aufzuzählen. Wovon ich schon vom Zuhören Muskelkater bekam. Was ich auch sagte. Wie es ihm denn da gegangen sei, bei so viel Sport? Nein, nein, kein Thema, meinte er darauf, er habe ja nirgends mitgemacht, man wäre ja schließlich auf Urlaub, zur Erholung, nicht? Drum hätte er im Gegensatz zu seiner Frau auch weder beim Yoga noch beim Töpferkurs, Theater-Workshop oder Dance-Contest teilgenommen.
„Da ist die nämlich immer hin, mit der Roswitha. Der Horsti und ich sind derweil viel lieber an eine der Poolbars. Auf ein paar Bier oder Caipirinha. Auch alles all inclusive, stell dir vor." Stellte ich mir auch vor. Hütete mich aber anschließend davor, zu fragen, wer denn die Roswitha und der Horsti gewesen wären, aber ich erfuhr es auch ungefragt. „Die zwei haben wir nämlich schon am ersten Abend kennengelernt. Zwei ganz Nette. Aus Vöcklabruck. Die haben s' uns hergesetzt, beim Essen, das haben wir dann gleich die ganzen vierzehn Tage so beibehalten."
Komisch, wenn ich auf Reisen bin, lerne ich eigentlich kaum bis nie jemanden kennen. Zumindest nicht in oben beschriebener Form. Ich mag das auch nicht. Aber da stimmt wahrscheinlich etwas mit mir nicht. Die meisten

Leute, mit denen ich rede, lernen im Urlaub ständig nette Paare kennen. Die dann übrigens erstaunlich oft aus Vöcklabruck sind. Oder aus Freistadt. Sie ist in der Regel Hauptschullehrerin und er hat meist eine Škoda-Werkstatt. Bei der Roswitha und dem Horsti war's auf jeden Fall so, was den Rest der Urlaubsschilderung in diese Richtung lenkte. Ich erfuhr davon, wie frech heute schon die Elfjährigen sind und dass man die tägliche Vorbereitungszeit eines Pädagogen in der Öffentlichkeit ja weder wahrnehmen noch schätzen würde, sowie von der schlechten Handelsspanne bei Mittelklasseautos. Keine drei Prozent, und dann soll man noch Rabatt geben, lächerlich! Ich stimmte zu, wollte nun aber doch noch etwas über Griechenland wissen, über Land, Leute und Tradition. Und erfuhr abschließend Folgendes:
„Griechenland? Super! Vor allem wenn alles all inclusive ist. Waren zwei traum-haf-te Wochen. Aber am allerschönsten, wenn du mich das fragst, am all-er-schöns-ten war's am Donnerstag. Da war nämlich Italienischer Abend!"

* * *

Könnte man sich den Onkel Franz in eben beschriebener Umgebung und Situation vorstellen? Auf gar keinen Fall. In derart fest vorgegebenen Bahnen die angeblich schönste Zeit des Jahres zu verbringen, wäre ihm schlichtweg ein Graus. So wie er auch der Meinung ist, dass zu Beginn dieser neuzeitlichen Erfindungen der Freizeitindustrie niemals der Wunsch des Verbrauchers gestanden hätte, sondern vielmehr das Verlangen der Anbieter nach neuen Einnahmequellen. Da werden lukrative Konzepte ersonnen und griffige Anglizismen. Und Pakete geschnürt, deren Inhalt die Grundbedürfnisse der Erholungssuchenden bei Weitem übersteigt. Nicht konsumierter und somit fiktiver Mehrwert, der aber den doch hohen Gesamtpreis rechtfertigt.

In folgender Geschichte verhält es sich ähnlich. Kurbäder gibt es schon sehr lange. Bereits Goethe schwärmte von seinen Aufenthalten in Marienbad und Karlsbad. Auch Heinrich Heine beschrieb die Vorteile heilender Quellen. Ähnliches findet sich in der Literatur bei Milan Kundera, Guy de Maupassant und Jan Neruda, um nur einige zu nennen. Nur hieß es damals noch nicht „Wellness".

Heute jedoch hören wir kaum noch eine andere Bezeichnung für diese Art der Erholung. Da war man dann „auf Wellness", „beim Wellness" oder – es gibt den Begriff auch als Verb – „wellnessen". Ob sich nun eine Gruppe von Freundinnen diesen Luxus gönnt, Eheleute oder gar zwei befreundete Paare, nach der Rückkehr wird ausnahmslos geschwärmt vom heilsamen Genuss. Es sei denn, man ist mit jener traditionellen, unflexiblen, dabei aber durchaus liebenswerten Beharrlichkeit ausgestattet, wie man sie im Innviertel oft findet.

Wellness

Es ist wieder einmal Dienstag und da ist, wie der geneigte Leser nun schon weiß, wie immer Stammtisch beim Egger-Wirt. Der Onkel Franz ist anwesend, natürlich, der Albert sowieso und auch etliche andere. Der junge Egger bringt nun schon die dritte Runde Bier, und das ist ungewöhnlich. Üblicherweise wird nur beim Erstgetränk der Serviervorgang vom Chef persönlich vorgenommen. Um die „Honneurs" zu machen, wie er sagt. Das Wort hat er am Arlberg auf der Saison gelernt und er benutzt es gerne. Die Auslieferung der weiteren Bestellungen übernimmt die Resi, die Kellnerin. Nur heute eben nicht, und das verwundert. So fragt der Onkel dann auch den Junior-Chef: „Sog amoi, wo isn heut' d'Resi? Is' da davon? Wundern tat's mi ned, so schlecht, wia du zoist."
Nicht-Innviertlern sei hier erklärt, dass dieser scheinbar beleidigende Anwurf des Onkels keinen solchen darstellt im Universum des Stammtischs. Es ist üblich, ja beinahe Pflicht, sich ab und an derartige Neckereien zuzuwerfen. Und es wird auch erwartet, dass der Ball zurückgespielt wird. Und diese Erwartung erfüllt der Wirt auch umgehend.

„Geh, red do ned so blöd daher. Wannst wuist, dass i da Resi mehra zoi, dann muaßt hoit mehra dringa, host mi?" Bei derartigen Retourkutschen fällt der junge Egger dann immer wieder zurück in die breite Mundart seiner Heimat. Seit er am Arlberg war, versucht er nämlich auch hier im Innviertel ein bisserl schöner zu sprechen. Sei's drum. Nachdem diese kleine Plänkelei nun pflichtgemäß abgehandelt ist, kann jetzt die eigentliche Frage des Onkels beantwortet werden. „Die Resi hat sich noch ein paar Tag' freignommen, der geht's ned so gut. Die war nämlich übers Wochenend' beim Wellness."
Die Resi, beim Wellness? Ungläubig schütteln die Stammtischler die Köpfe. Keiner der Anwesenden kann sich erinnern, dass die Resi überhaupt jemals auf Urlaub gewesen wäre. Der junge Egger erklärt die Sachlage: „Tombola. Beim Feuerwehr-Ball. Die Resi kauft sich ein Los, und zack, Hauptgewinn. Wellness-Wochenende im Mühlviertel, für zwei Personen, all inclusive. Da hat s' blöd gschaut." Zuerst habe sie sich noch geweigert, die gewonnene Reise anzutreten, käme überhaupt nicht infrage. Und mit wem auch? Die Resi hat nämlich weder Ehemann noch Lebensgefährten, und zu weit vom Heimatort hat sie sich in der Vergangenheit auch noch nie entfernt. Aber ihr Chef hat ihr dann gut zugeredet. Sie solle sich so etwas einmal gönnen. Würde ihr sicher guttun. „Und nimmst halt dei Freundin, die Berta mit, oder?" Mit der Radlberger Berta, von der hier die Rede ist, ist die Resi schon lange befreundet, früher haben die beiden miteinander im Bierzelt bedient. Ist lang her. Heut' arbeitet die Berta im Jägerbräu, drüben im benachbarten Bayern.
„Wos, mit da Boarischn?" Der junge Egger bejaht diese Frage des Onkels und erzählt weiter: „Die zwei sind dann

tatsächlich gfahrn, i hab' s' noch zum Zug bracht." Und drei Tage später auch wieder abgeholt. Und wie es den beiden Kellnerinnen beim Wellnessen ergangen ist, erfahren wir nun im Anschluss. Wir wechseln dazu in den Erzählmodus der Hauptbetroffenen:
„'S Hotel warad jo schee gwesen", hatte die Resi also ihre Schilderung begonnen, „wann auch sauber abglegn. Weit und breit sonst nix, nur Gegend. De Zimmer wunderbar, bis auf 's Wasserbett. Da drin bist da vorkemma wia rauschig. Obwohl mir die ganze Zeit koan Tropfen Alkohol griagt ham. Ned amoi a Bier! Kannst da des vorstoin?" Die Stammtischler waren bestürzt. Keinen Alkohol, das ginge ja noch. Aber auch kein Bier? „Nix", bestätigte die Resi noch einmal, „Heilwasser und grünen Tee hot's geben, sonst nix. Und des Schlimmste: Keinen Brocken Fleisch, ned amoi a Wurscht. Der Topfen und de Gurkenscheiben, de s' da am Vormittag ins Gsicht pickt hom, woan dann Mittag am Teller. Und im Prospekt hab' i's nachher glesn. Dass der Gutschein, den i da gwunga hob, für a ‚Non Alcohol Vegetarian Detox Weekend' war. Wahrscheinlich a Ladenhüter vom Reisebüro. Da san ma sauba neitretn, hot die Berta dann gmoant."
Dass die „Boarische" wohl unter diesem massiven Hopfen- und Bratl-Entzug noch mehr gelitten haben musste als die Resi, meinte der Onkel Franz, der dem Bericht bis zu diesem Punkt halb belustigt, halb mitfühlend gefolgt war. Und dass es viel schlimmer wohl eh nicht mehr hätte kommen können, oder? „Und ob!", fuhr der junge Egger fort, „horchts zu, was' noch erzählt hat."
„Am ärgern warn de sogenannten Anwendungen", habe die Resi ihren Bericht fortgesetzt. „Brennhoaße Stoana wollten s' ma auf'm Buckel legn, in an stinkatn Schlamm hätt' ma

uns einesitzn soin und a so a kloana Kinesa wollt' uns dauernd mit seine Nadeln dastecha. Und überoi hätt' ma uns ausziagn soin! Nackert! Aber ganz! Kommt ja überhaupt ned infrage. Auf und davo san ma!"

An dieser Stelle sei – ohne allzu indiskret zu erscheinen – angemerkt, dass eine gestandene Innviertler Kellnerin wie die Resi an sich nicht übermäßig „gschamig" (zu Deutsch: verschämt) ist, das bringt der Beruf mit sich. Sich jedoch vor Fremden zu entblößen, und sei's noch so therapeutisch, das ist dermaßen jenseits ihrer Schamgrenze, dass auch das gute Zureden vom feschen Masseur, dem Enrico, nichts genutzt hat. Die Damen weigerten sich beharrlich, auch nur den Rücken frei zu machen.

Einen Italiener hätten sie also da im Mühlviertel als Betreuer gehabt, war dann die Nachfrage des jungen Egger gewesen, und die Resi hat weiter berichtet: „A Italiener? Der Enrico? A woher, des war a Sachse. Aus Zwickau. Da hoaßen s' a aso. Weil s' nie fortfoahrn dürfen hom in da DDR, jetzt hom s' halt die Kinder recht exotisch tauft, hot er uns erklärt." Und eben dieser Sachse habe dann gemeint: „Ja nu, wennse det ajuvedsche Pokeet nisch wolln, machense fleisch besser inne Nasszone rübe, nisch?"

„Mir oiso eine in Badeanzug und ummi in d'Therme. An da Sauna vorbei, weil de war a textilfrei, und eini ins große Becken. Da sanma oba a schnoi wieder außa, weil da hat 's Wasser leicht fufzig Grad ghobt und noch Schwefl gstunga. In dem andern Schwimmbad draußen war's wieder eiskoit und im dritten, neben da Sauna, wo d'Temperatur halbwegs passt hätt', do warn s' wieder alle nockat. Is' oiso mit'm Baden a nix gwesn."

Aber wenn man schon einmal einen Gutschein gewinnt, dann will man auch etwas davon haben. In genussvolles

Essen und Trinken war er ja, wie wir bereits erfahren durften, nicht umzusetzen. Also haben die Resi und die Berta Erkundigungen eingeholt beim feschen Enrico, was es denn sonst noch so gäbe. Wellnessmäßig. Da waren sie bei dem Sachsen an der richtigen Adresse. Allerhand asiatische Entspannungsübungen würden angeboten. Und er griff auch gleich zum Handy, um die Damen für diverse Kurse anzumelden. Wie es den Innviertlerinnen dabei ergangen ist, lassen wir die Resi wieder am besten selbst erzählen.
„Vom Qigong is d'Berta oiwei eingschlafn, beim Tai-Chi is uns glei amoi 's Lachen auskemma, und des mit'm Yoga, des war a weng peinlich. Weil da hot se der ‚nach unten schauende Hund' gar ned recht vertragen mit die Blähungen, de ma von dem ganzen Vegetarischen griagt hom. Is oiso nur nu des Nordic Walking überblieben. Und wie mir da im Turnanzug und mit so Schistecka mit der Gruppe losmarschiern wollten, kummt wieder der Enrico daher und sagt, dass er nu an ganz speziellen Wellness-Tipp für uns hätt'."
Der Sachse habe gemeint, es sei ihm nun mittlerweile klar geworden, dass das hiesige Angebot für die Damen nichts wäre und er selbst ja auch nicht viel von der promille- und fleischlosen Versorgungssituation hier hielte. Drum nun von ihm ein Geheimtipp unter der Hand. Die Nordic-Walking-Route würde beim Hin- und Rückweg nahe am Bahnhof vorbeiführen. Und dort gäb's einen Imbissstand. Nun konnten sich die beiden Innviertlerinnen auch wieder erinnern an die himmlischen Gerüche, die sie schon bei ihrer Ankunft dort wahrgenommen hatten. Burenwurst, Käsekrainer und Pommes, frisch aus der Fritteuse, dazu ein Dosenbier.
Angespornt von dieser – einer Fata Morgana gleichen – Aussicht auf Erlösung vom unfreiwilligen Fasten, haben

die Resi und die Berta dann den Vorschlag des Sachsen in die Tat umgesetzt. Haben sich bereits zu Beginn der Wanderung zurückfallen lassen und sich beim Bahnhof unbemerkt von der Truppe entfernt. Ebenso unbemerkt konnten sie sich dem Geschwader auf dessen Rückweg wieder anschließen, hatten dabei jedoch ihre liebe Not, halbwegs Schritt zu halten.
„Weil", hatte die Resi am Schluss ihres Berichts dem jungen Egger noch erzählt, „vor lauter gierig hom mir uns a jede zwoa Wirscht mit Pomfritt, oan Toast, drei Bier und a Rüscherl genehmigt. Fix und fertig woarn ma danach, mir is heut' nu ganz schlecht! Und des soi Wellness sei!"

**

Sie sehen also, diese Art des Urlaubens ist nicht jedermanns beziehungsweise jederfraus Sache. Die Geschmäcker sind eben verschieden. Mancher besteht darauf, vor seinem Ableben noch mindestens ganz Südamerika und halb Afrika besucht zu haben, andere begnügen sich mit Ausflügen an einen Kärntner See oder die obere Adria. So es selbst gewählt und bestimmt ist, wollen wir nicht darüber urteilen. Die Tante Jolesch etwa war kaum zu bewegen, ihr gewohntes Umfeld zu verlassen.
So schrieb Friedrich Torberg: Schon die Reisevorbereitungen, mit denen man doch niemals rechtzeitig fertig wurde, widerstrebten ihr: „Abreisen sind immer überstürzt", sagte sie. Und als man versuchte, ihr allerhand Städtereisen schmackhaft zu machen, war ihre Antwort: „Alle Städte sind gleich, nur Venedig is e bissele anders."
Hier sind sie verwandte Seelen, die Tante Jolesch und der Onkel Franz. Als Beleg dafür mag die Geschichte

„Gesellschaftsreise" aus dem ersten Band, der „Typologie des Innviertlers" dienen. Kurz geriet ich in Versuchung, sie erneut in das vorliegend Buch aufzunehmen. Denn wenn schon auf den vorangegangenen Seiten mit den Themen All inclusive und Wellness klassische Klischees des Urlaubsverhaltens Gegenstand meiner Betrachtungen waren, so darf des Onkels organisierte Busreise nach Lido di Jesolo in diesem Kapitel nicht fehlen.
So dachte ich. Und ich gedachte auch, um jenes Selbstplagiat zu rechtfertigen, ein weiteres großes Vorbild zu bemühen. Ephraim Kishon persönlich. Seinem Buch „… und die beste Ehefrau von allen" hat er einige Geschichten, welche bereits in vorangegangenen Werken enthalten waren, beigefügt. Jedoch immer mit einem warnenden Stigma versehen.
Er argumentierte: „Nun kann der Leser selbst entscheiden, ob er das Risiko eingehen möchte, diese unsterbliche Geschichte nochmals zu lesen, oder ob er sie mit einem wissenden Lächeln überschlagen will. Ausschlaggebend für seine Entscheidung ist seine Kenntnis meiner gesammelten Werke, sein Geisteszustand und seine Beziehung zum Verlagswesen." So weit Kishon.
Ein Großmeister der Satire persönlich hätte mir also die Erlaubnis zum Selbstplagiat ausgestellt. Und dennoch habe ich mich dagegen entschieden. Wenn auch kaum etwas des Onkels Verhältnis zum Reisen besser charakterisiert als die Vorkommnisse auf jenem Ausflug mit dem Bus, Stammleser werden mir da zweifellos zustimmen. Und vielleicht an dieser Stelle wieder zum ersten Band greifen, um die Geschichte erneut zu lesen. Allen anderen empfehle ich dringend einen Besuch der nächsten Buchhandlung.

Da aber im Kapitel Urlaub ein Ausflug in unser südliches Nachbarland nicht fehlen darf, lade ich Sie ein, mich im Folgenden an den schönen Gardasee zu begleiten. Wir machen dazu allerdings einen kleinen Umweg – wen mag es wundern – über den Stammtisch.

* * *

Die nächste Geschichte wurde inspiriert durch Fritz von Herzmanovsky-Orlandos Erzählung „Der konfuse Brief". Darin lässt er einen Herrn aus Caslau in Böhmen nach dem schönen Wien reisen und seinem daheimgebliebenen Bruder brieflich seine Eindrücke mitteilen. Und dies, nicht ohne sich darin unzähliger Fremdwörter zu bedienen. Um Eindruck zu schinden beim anderen, das kann zweifellos angenommen werden. Nun können derartige Schüsse jedoch durchaus nach hinten losgehen, damals wie heute. Nämlich dann, wenn beinahe alle diese Xenismen entweder falsch geschrieben, ausgesprochen oder gänzlich falsch verwendet werden. Oft kommen wir aber auch damit durch, denn mit etwas Glück sind unsere Zuhörer, die wir zu beeindrucken suchen, selbst unsicher in jener Materie und werden sich hüten, uns auf etwaige Fehler hinzuweisen.
Und so läuft auch der Held nachstehender Geschichte nicht wirklich Gefahr, aufzufliegen. Denn im Wirtshaus wird ebenso kaum einer das Risiko auf sich nehmen, dass durch sein kritisches Nachfragen eigene Wissenslücken offenbar werden könnten. In dem Zusammenhang habe ich an dieser Stelle ein Geständnis abzulegen: Ja, ich gebe es zu, ich habe in jüngerer Vergangenheit ganz gezielt an verschiedenen Stammtischen Lauschangriffe getätigt. Auf der

Pirsch nach verbalen Hoppalas in oben dargelegtem Sinn. Und ich hielt reiche Ernte. Wofür ich mich hier unbekannterweise bei all meinen Stichwortgebern herzlich bedanken möchte.

Zum Titel der Geschichte: Sic, aus dem Lateinischen, bedeutet „so" und soll – in Klammer in einen Text eingesetzt – so viel heißen wie „wirklich so". „Sic erat scriptum" meint „so stand es geschrieben", der hat das wirklich so gesagt, kein Druckfehler, im Ernst. Darum habe ich dieses [sic!] zum Titel gewählt, verzichte aber darauf, es im Text jeweils einzusetzen. Denn das wäre inflationär und würde Sie, liebe Leserinnen und Leser, des Vergnügens berauben, das Nachstehende einem Suchbild gleich nach Stolpersteinen zu durchforsten. Viel Erfolg dabei.

[sic!]

Und wieder ist es ein Stammtisch, der Schuld trägt an der Entstehung des Folgenden. Ein sehr spezieller noch dazu. Einer jener Stammtische, welche nicht aus einer Gruppe immer gleichbleibender Personen bestehen, sondern an dem grundsätzlich jeder willkommen ist. Nun gut, nicht wirklich jeder. Dort, beim Kachelofen neben der Tür zur Küche, versammeln sich traditionell jene, die etwas gelten im Dorf oder zumindest in früheren Zeiten etwas gegolten haben. Wovon bis heute gezehrt wird. Man war Inhaber eines Handwerksbetriebes, Leiter einer Abteilung der Gemeinde oder bewirtschaftete einen stattlichen Bauernhof. Dementsprechend verfügt man über die nötige Expertise, die es braucht, um am Stammtisch bestehen zu können. Auf die in der Vergangenheit erworbene Erfahrung wird gepocht, ebenso wie auf die Weisheit des Alters.
Da tut sich der Jüngste in der Runde, der Ferdl, dann öfter etwas schwer, mitzuhalten beim Geschichtenerzählen. Er, der Benjamin der Runde, steht nämlich noch aktiv im Berufsleben, etwa fünf Jahre vor der Pensionierung. Dennoch gelingt es dem Ferdl immer wieder, sich Gehör zu verschaffen und Eindruck auf die Älteren, die Weiseren zu

machen. Und zwar mit der Waffe der Bildung. Geschickt versteht er Fremdwörter und Fachbegriffe in seine Rede einzubauen. Rudimentäre Fremdsprachenkenntnisse und gymnasiale Unterstufenbildung weiß er anzuwenden, und nur selten stolpert einer der anderen über die kleinen Fehler, die dem Ferdl dabei ab und an unterlaufen.
Einem seiner Vorträge durfte ich vor nicht allzu langer Zeit einmal lauschen, denn auch meiner Wenigkeit ist es erlaubt, hin und wieder Platz zu nehmen am großen Tisch beim Ofen. In Nachfolgendem versuche ich möglichst wörtlich wiederzugeben, was ich gehört habe.
„Wie gesagt", beginnt der Ferdl seine Erzählung, „ein Motorradl muaß wieder her, hab' i mir dacht. Ihr wisst's ja eh, früher war i da a ganz a Wilder. Lauter Rennmaschinen hab' i ghabt, gschmissen hat's mi a dauernd amal."
Die anderen lauschen seinem Vortrag, nur ab und zu kommen liebevolle Einwürfe wie „Do weard's di öfter moi auf'n Kopf ghaut hom, ha?" Es herrscht eine freundschaftliche, beinahe herzliche Stimmung am Stammtisch.
„Drum hab' i mir ja jetzt a einen Shopper gekauft. Zum Cruisen, versteht's?", fährt der Ferdl fort. „Da gleitet man dann durch die Landschaft, is ganz nah dran an der Natur. Man spürt sozusagen alle vier Alimente!" An dieser Stelle warf ich einen prüfenden Blick in die Runde. Nein, nichts. Keiner der Anwesenden schien bei des Ferdls letztem Wort an Kindesunterhalt zu denken. Weiter im Text. „Na ja, und dann hab' ich mir gedacht, es hätt' schon was, eine größere Reise mit dem Bike. Hätt' schon immer gern amal eine längere Spedition unternehmen wollen. Aber wohin? Runter nach Italien tät' ich gern fahren. Oder vielleicht gleich nach Spanien und Portugal, wär' auch toll. Aber da musst halt erst über die ganzen Pygmäen drüber, bis

d' einmal auf der sibirischen Halbinsel ankommst. Und dann bist auch erst in Katholien. Nach Kastanien runter is' dann noch ein breiter Weg. Weißt schon, La Mantscha, da wo der Don Khashoggi daheim war, der mit die Windmühlen."

Nach einem Schluck Bier und einem sinnierenden Blick in die Ferne setzte der Ferdl seinen Bericht fort. „Jaja, hedidadiwari (hätt' ich, tät' ich, wär' ich). Aber wenn du immer nur im Konjunktur lebst, das bereust du später. Also hab' ich gleich begonnen mit die Reisevorbereitungen. Z'erst amal die richtige Kleidung. Keinen Rennanzug wie früher wollt' i da, eher was Cooles. So mit Fransen, aber schon mit Protektion. Wär' sonst viel zu gefährlich. Drum hab' ich mir eine Motorradl-Jeans und eine Lederjacke gesucht, wo überall Projektoren intrigiert sind, also eingebaut quasi. Brauchst aber nicht meinen, dass das leicht war. Von Pontius zu Pilates bin i gelaufen, bis i was Passendes gfunden hab'. Die reinste Syphilis-Arbeit war das. Dann is' aber endlich losgangen."

Den ersten Teil des Reiseberichtes, der, in dem der Ferdl vom Überqueren verschiedener Alpenpässe und der Schönheit der Heimat erzählte, überspringen wir und steigen an der südlichen Landesgrenze Österreichs, am Brenner, wieder ein in seine Schilderung. Es ist also doch Italien geworden, der schöne Gardasee sollte das Ziel sein.

„Dann noch schnell übern Brenner, und schon bist in Südtirol. Seit Italien jetzt auch bei der EU ist, brauchst wenigstens dein Passepartout nicht mehr herzeigen an der Grenz'. Zuerst hab' ich gschaut, dass i ein paar Kilometer mach' auf der Autobahn, kost' halt Maut. Aber man braucht kein Pickerl wie bei uns, dort zahlst pro Abschnitt. Also attrappenweise. Allerdings gar nicht so billig. Bin i also auf die

Bundesstraßen weiter gfahren durchs Tarantino. Is schon ein schöner Landesteil, aber ganz anders halt wie 's Piment oder wie in Kalvarien unten. Da gibt's starke Unterschiede vom Vegetativen her. Im Süden hast überall dichten Macchiato-Bewuchs, im Norden eher mehr Bäum'. Zyprioten zum Beispiel, aber vor allem Pinien. Eine Pinata nach der anderen. Über kurvige Strecken – Gott sei Dank ist mein Bike gut ausbilanziert – bin ich dann runter zum Lago di Grado. Ist alles ganz komparabel abgelaufen, nur einmal, da haben mich die Carbonari aufgehalten. Du, die haben aber weit feschere Uniformen als wie unser Polizei. Stiefel haben s' anghabt wie die Reiter und so Brioche-Hosen. Die Italiener sind überhaupt fescher anzogen wie die Leut' bei uns. Die Herren tragen Anzüge von Amarone, die Damen Handtaschen von Françoise Villon, sehr eloquent."
Zuletzt hatte mich Goethes vor gut zweihundert Jahren verfasste „Italienische Reise" derart gefesselt. Dem stand unser Ferdl in fast nichts nach, langsam bekam ich selbst Lust auf einen Ausflug in den Süden. Doch hören wir weiter zu.
„In Riga, dem Hauptort am See, hab' ich dann gewohnt in einer sehr inklusiven Pension. Ein Resistance-Gebäude war das, ein richtiger Bajazzo. Die Böden feinstes Panna Cotta, überall handgeschnitzte Tarock-Möbel und lüsterne Deckenbeleuchtung. Auf meinem Zimmer dann so ein hohes Bocksprung-Bett mit einem Baldrian aus Arroganza-Seide drüber. Hätt' mich am liebsten gleich reingelegt, bin aber dann doch zuerst runter zum Essen. Magyare, verstehst? Hab' mir einen schönen Platz ausgesucht und den Camorriere gerufen. Jetzt werdet ihr euch vielleicht wundern, wie ich da sprachlich zurechtkommen bin, hab' ja nie Italienisch glernt in da Schule. Aber alle Asterix-Heftln

hab' ich glesen früher, das is so viel wie 's kleine Latrinum. Und Italienisch is ja eh fast 's Gleiche wie Latein, caprice? Hab' mir also ein Birra bestellt, aber grande und caldo. Da dürft' er mich nur halbert verstanden haben, der Papageno, weil groß war's dann schon, das Bier, aber halt warm. Gut, kann passieren, trink' ich eben einen Wein. San Genovese hätt's geben, einen Brunetti, Montepuccini oder Nero di Tavola. Hab' mir aber dann meine Lieblingsrebsorte bestellt, einen Vino di Casa. Eine ganz hervorragende Traube, den Wein gibt's in Italien in fast jedem Lokal. Die Entscheidung, was ich essen soll, war da schon differenzialer. Als Vorspeis' einen Parmesaner-Schinken hätt's geben oder Kalabrese. Das ist Mortadella-Käs' mit Tomaten, obendrauf ein paar Blätter Basilika. Oder ein Capriccio vom Rind, hauchdünn aufs Teller pickt. Das is allerdings nix für mich, weil auf das rohe Zeug bin ich algerisch. Hab' ich mir also bestellt ein Othello Tonnato und danach Piccata Mayonnaise. Hat zwar viel Karolinen, aber man ist ja schließlich auf Urlaub, gell? Zum Abschluss ein Stamperl Violoncello aufs Haus, danach einen Expresso und dann hat's gereicht. Il skonto perforire, hab' ich also gerufen, Bagatelle please, aber libretto! Ich wollt' nur noch zahlen und ins Bett."

Die Stammtischler hatten dem Ferdl bis hierhin aufmerksam zugehört, da und dort wissend genickt und ob der Redegewandtheit des Italien-Kenners anerkennende Gesten ausgetauscht. Manchem lag vielleicht eine Frage auf der Zunge, die er am Ende des Berichtes zu stellen beabsichtigte, doch so weit war es noch nicht. Der Ferdl war noch nicht fertig. Es ging weiter.

„Am zweiten Tag", fuhr er fort, „hab' ich dann Gesellschaft ghabt beim Essen. Hat sich so ergeben, weil sonst kein Platz mehr frei war. Herbert hat er geheißen, aus der Steiermark. Auch mit dem Motorradl da, haben wir also gleich Gesprächsstoff ghabt. Aber auch sonst ein sehr angenehmer Mensch. Arzt von Beruf, genauer gesagt Veteran-Mediziner. Mit sehr alternaiver Einstellung. Er schwört, sagt er, auch bei die Viecher auf Homosympathie. Wisst's eh, da, wo s' alles solang verdünnen, bis' wirkt. Und weil's a bei den Tieren friktioniert, sagt er, kann's kein Plazenta-Effekt sein, versteht's? Er spielt den trächtigen Kühen a oft was auf seiner steirischen Knopf-Philharmonika vor, das beruhigt s', sagt er. Aber halt österreichische Volksmusik. Uns wiederum haben s' ja zum Essen eine italienische Musica serviert. Da hat in der Restaurierung nämlich so ein Cantantenor auf seinem Elektro-Panini allerhand zum Besten gegeben. So Italo-Hits, die man eh kennt. Des Liedl vom unmöglichen Hund zum Beispiel, Bello imposibile, von der Gianna Granini. Oder Canzone Blu, die blaue Hose, von der Romina Bauer mit ihrem Albaner. Natürlich auch noch verschiedene Sachen vom Adriano Cinzano. Aber eine super Stimme hat der Bursche schon ghabt. Laut und kräftig, frontissimo, wie ma sagt. Und des ohne Mikroskop. Nachdem der Herbert und i halbwegs textsicher waren, ham wir dann bald amal laut mitgsungen. Gut, i geb's zu, damit wollt' ma die anwesenden Damen imprägnieren. Mag aber sein, dass ma uns eher planiert haben. Wir haben ja beide doch schon leicht einen sitzen ghabt."

Sie sehen, wie so oft endet auch hier die Schilderung einer Urlaubsreise bei der Charakterisierung der jeweiligen Ferienbekanntschaft und was man mit dieser erlebt hat. Meist sind es Landsleute, die man in der Fremde trifft, und nicht selten gibt dieser Umstand Anlass, gemeinsam stattliche Mengen an Alkohol zu sich zu nehmen. Beim Ferdl und dem Herbert war's auf jeden Fall so, wie wir eben erfuhren. Und auch aktuell, am Stammtisch wurde bereits einiges konsumiert. Was auch erklärt, warum der Abschluss des Reiseberichtes leicht verworrene Züge aufweist. Aber urteilen Sie selbst.

„Der Herbert wollt' dann noch unbedingt a Flasche Wein zahlen, hab' ich danach natürlich auch noch eine bestellt. Quitt pro Kopf, wie i immer sag', damit's ausgeglichen is. Bis Mitternacht ham wir noch über allerhand diskutiert. Was jetzt die Unterschiede sind zum Beispiel zwischen Italien und Österreich. Na ja, zuerst schon mal die Staatsform, gell. Die von Österreich ist ja eher keulenförmig, Italien wiederum schaut aus wie a Stiefel, nicht wahr? Oder die Radlwege. Bei uns san bei einer jeden Querstraß' so blöde Stufen, die in Italien sind niveaulos. Da geht's schön eben dahin. Wogegen eine Regierung bei uns meist aus einer Zweier-Kollision besteht, in Italien können's schon mal vier oder fünf sein. Da sitzen dann oft auch Radikale drin, solche wie bei uns die Sanitären. Dafür sind fast alle Italiener Katholen. Weil ja auch der Papst dort wohnt, eh klar. Kaum Evangelisten. Aber a priori ist dieses Italien – und das muss man least but not last rekatapultierend sagen – trotzdem ein sehr schönes Land. Diese Lebensart und die südliche Leichtigkeit, dieses Dolce Firmamente, geht uns halt ab, gell?"

* * *

Na, was sagen Sie? Möchte man sich da nicht gleich selbst auf den Weg machen? Ab in den Süden, Pasta, Vino und Gelato genießen und mit der Seele baumeln, was will man mehr? Nun, das ist wohl Ansichtssache. Dem Onkel Franz kann man halt mit einer ordentlichen Essigwurst und einem frisch gezapften Bier unter einem alten Kastanienbaum in einem schönen Gastgarten mehr Freude machen. Da ist er ein bisserl eigen.

Wie dem auch sei, wir sind zurück im Innviertel. Die Ferienzeit neigt sich dem Ende zu, bald beginnt für die Kinder ein neues Schuljahr und die Erwachsenen gehen wieder ohne längere Unterbrechung ihrer Arbeit nach. Der Onkel nicht, er ist pensioniert. Das heißt, dass er nie frei hat. Tagein, tagaus beschäftigen ihn allerhand Besorgungen und Aufträge. Selbst auferlegte oder von der Tante an ihn übertragene. So gilt es etwa, weil der Herbst naht, im Garten die letzten schönen Tage noch auszunützen. Hecken müssen gestutzt, Bäume beschnitten und Beete umgegraben werden.

Für wöchentlich wiederkehrende Rituale wie den Markt- oder Stammtischbesuch soll natürlich auch genügend Zeit bleiben, und dann ist man zudem noch auf einige Feiern eingeladen. Was es damit auf sich hat, wird im anschließenden Kapitel geklärt, davor jedoch darf ich die geneigte Leserschaft erneut zu einem kurzen Exkurs einladen. Einem weiteren Exkurs über die Feinheiten unserer Sprache und wie wir diese gezielt zum Einsatz bringen. Vielleicht erkennen Sie sich ja ein bisserl selbst in Folgendem.

Erlkönig

Schon im ersten Teil unserer Beobachtungen der hierzulande üblichen Ausdrucksweisen wurde dargestellt, wie es uns geradezu intuitiv gelingt, unseren Aussagen die Schärfe der Genauigkeit zu nehmen. Die Häufigkeit, mit der wir uns nun der beschriebenen Endung bedienen, ist uns wahrscheinlich selbst gar nicht bewusst. Die Rede ist vom „-erl". Eine vom Innviertel bis nach Wien verbreitete Verniedlichungsform, der man einen gewissen Charme nicht absprechen kann. Klingt sie doch ein bisserl (sehen Sie, es geht schon los) nach Monarchie, nach Zuckerguss und leichtfüßiger Gemütlichkeit. In Wirklichkeit aber ist diese Endung eine der schärfsten Waffen im Duell des Österreichers mit der Realität. Sie beugt unumstößliche Tatsachen bis zur beliebigen Unerheblichkeit. Und zwar so, dass man sich keiner Verantwortung stellen muss, da sie erst gar nicht entsteht. Es war ja nichts. Höchstens ein bisserl.
So haben wir zum Beispiel gestern „nur ein paar Achterl" zu uns genommen. Wobei sechs Achterl Wein auch schon eine Bouteille ergeben. Aber das ist ja auch nur ein kleines Flascherl. Noch lange kein Liter! Da kann von Alkohol noch kaum die Rede sein. Davor haben wir, um den ärgsten

Durst zu löschen, ein bisserl ein Bier getrunken. Da uns eine Halbe allerdings zu viel gewesen wäre, haben wir maximal zwei Seiterl getrunken. „Maximal zwei" heißt in diesem Fall paradoxerweise mindestens drei. Zum Abschluss zwei, drei Schnapserl – also vier –, mehr war nicht. Reicht gerade mal für ein ganz ein kleines Schwipserl. Maximal a wengerl ein Räuscherl.
Gegessen haben wir nur eine Kleinigkeit, ein bisserl was halt. Ein Schnitzerl mit Kartofferl, ein paar gebratene Ripperl und hinterher ein Stückerl Torte. Drum auch dann die Schnapserl, als Medizin quasi. Gut gegen Herzkasperl. Und mit der Nachbarin war auch nix, kein bisserl, ich schwöre! Na ja, vielleicht ein, zwei Busserl. Sie hat halt auch schon ein wengerl ein Damenspitzerl gehabt.
Sie sehen also, selbst wenn am Vortag eine veritable Orgie stattgefunden haben sollte, mit unserer Wunderwaffe, dem „-erl", hört sich das alles gar nicht mehr so schlimm an.
Oder neulich, als unser Sohn unbedingt ein Piercing haben wollte und uns mit einem Foto aus unserer Jugend zu erpressen suchte. Worauf ziemlich deutlich der Ohrschmuck des Herrn Papa zu sehen war. Und zwar in Form eines Daumennagel-großen, goldenen Adlers. „Siehst", meinte da der aufbegehrende Teenager, „du hast damals auch ein Piercing ghabt." – „Pass einmal auf, Bürscherl", kontern wir, „das war kein Piercing, das war maximal ein Flinserl. Und jetzt geh und räum dein Zimmer auf. Voller Dreck und Staub die Bude!" Und weil uns unsere Kinder kopieren, kriegen wir darauf auch die Antwort, die wir verdienen: „Geh Papa, was für Staub denn, das sind ja nur Flunserl!"

A wengerl a Ripperl, a Stückerl vom Schnitzerl,
a Schwipserl, Räuscherl, a Damenspitzerl.

Zwoa Seiterl, sechs Achterl und zwoa, drei Schnapserl,
is guat fürs Herzerl und de Synapserl.

Vom Hascherl a Busserl, a bisserl a Pantscherl,
danoch vom Weinderl nu oa, zwoa Flascherl.

Woar ois ned so schlimm, kumm, dring nu a Lackerl,
nu hama a wengerl a Göd im Sackerl.

Mir scheint, mir hom sauba an Sprung im Schüsserl,
doch wann uns wer fragt, sag ma: Höchstens a bisserl!

* * *

Zurück vom Exkurs in die sprachlichen Feinheiten, widmen wir uns nun zuvor angekündigten Feierlichkeiten. Das Thema, welches es nun zu behandeln gilt, hätte an jeder Stelle dieses Buches seinen Platz finden können, das gebe ich zu. Dennoch erschien es mir – warum auch immer – hier gut aufgehoben. Begründen kann ich dieses vage Gefühl freilich nicht, denn individuell übers ganze Jahr verteilt, findet er statt, der besondere Tag, um den es jetzt gehen soll. Die Rede ist vom Geburtstag. Wir alle haben einen, ob er uns wichtig ist oder nicht. Ob er uns nun – meist abhängig von der Zahl, die ihm vorangestellt ist – angenehm ist oder nicht. Wir können ihn leugnen, wir können schwindeln, so wir gefragt werden, wie alt wir denn schon sind, wir können damit umgehen, wie wir wollen. Nützt aber nichts. Denn er ist da und kommt immer wieder. Unbarmherzig.
Lassen Sie mich im Nachstehenden versuchen, unseren Umgang mit dieser Materie aus wissenschaftlich-psycho-

logischer Sicht zu beleuchten. Was naturgemäß schwerfällt, ist der Autor ja selbst betroffen vom Phänomen des Alterns. Ich hoffe dennoch, dass folgende Betrachtung autobiografische Spuren in lediglich homöopathischen Dosen aufweist.

Wir wollen uns nun also der Frage widmen, wie wir mit der unumstößlichen Tatsache umgehen, dass jedes Jahr das Datum unserer Geburt im Kalender wiederkehrt und irgendwann einmal in der Menschheitsgeschichte beschlossen wurde, dass dies gebührend zu feiern sei. Werfen wir einen näheren Blick auf diese Tradition. Einleitend sei noch bemerkt, dass ich im Folgenden bewusst auf jedwede Gender-Correctness verzichte. Und das aus gutem Grund. Es ist mir nämlich durch meine eigene Geschlechtszugehörigkeit lediglich möglich, die Befindlichkeiten von Männern in Bezug auf ihr Alter wiederzugeben. Frauen gehen mit diesem Thema – so hörte ich – gänzlich anders um.

Von null auf hundert

An und für sich feiern wir unsere Geburtstage meist auf die mehr oder weniger gleiche Art. Gut, mit fortschreitendem Alter verändert sich das Feier-Verhalten natürlich. Aber das tut es mit einer gewissen linearen Gleichmäßigkeit. Doch es gibt auffällige Spitzen. Worauf ich hinaus will, ist folgendes paradoxe Verhalten. Aus irgendeinem Grund messen wir den „runden Geburtstagen" besondere Bedeutung zu. Die Bezeichnung „rund" bezieht sich augenscheinlich auf den Nuller, der sich alle zehn Jahre einstellt. Und eben diesem Nuller begegnen wir, je nach Naturell, mit einer Mischung aus Respekt und – ja, nennen wir es ruhig beim Namen – Furcht.
Nun könnte man die Frage stellen, warum nicht zum Beispiel auch die Sieben, die Neun oder jede andere beliebige Zahl derartige Gefühle auslöst. Nun, das liegt wohl in unserem Dekadensystem begründet. Wir sind es gewöhnt, in Zehner-Schritten zu denken. Gewichtseinheiten, Längenmaße, unser Geldwesen, all das ist in dieser Art aufgebaut. Und eben scheinbar auch die Einteilung unserer Lebensabschnitte. Lassen Sie uns also im Nachstehenden einen näheren Blick auf ein Menschenleben in Dekaden werfen.

Unser erster runder Geburtstag, der erste Nuller, ist streng genommen der Tag unserer Geburt. Eine Doppelnull sozusagen. Dieses freudige Ereignis wird selbstverständlich schon mal kräftig gefeiert. Zwar nicht von uns selber – wir haben genug damit zu tun, uns außerhalb der Komfortzone der letzten neun Monate zu akklimatisieren –, dafür umso mehr vom Herrn Papa. Da lässt sich der Erzeuger im Kreise seiner Freunde für die vollbrachte Leistung sowie für seine Tapferkeit angesichts der Strapazen, die er zu durchleiden hatte, ordentlich hochleben. Nicht selten ist dabei auch Alkohol im Spiel, wie man hört.

Auch die Feierlichkeiten unseres zweiten Nullers, des zehnten Geburtstags, gestalten wir nicht ausschließlich selbst. Hier ist es meist die Frau Mama, die für die Organisation verantwortlich zeichnet. Da passiert es dann allerdings nicht selten, dass sich auf der Gästeliste nicht in erster Linie Freunde des Geburtstagskindes finden, sondern vielmehr die Kinder der Freunde seiner Eltern. Ungerecht, aber versuch mal, was dagegen zu tun, du bist ja erst zehn. Entweder stecken sie dich mit irgendwelchen Nachbarskindern, die du nicht magst, mit Kakao und Krapfen in dein Zimmer, während die Erwachsenen im Wohnzimmer oder auf der Terrasse feinstes Catering genießen, oder ihr werdet gleich aushäusig abgeschoben. Zu einer Kindernachmittagsvorstellung ins Kino oder sofort zu McDonald's. Wo euch eine überforderte und genervte Praktikantin Papp-Kronen aufsetzt und ihr das Ronald-McDonald-Lied singen müsst.

Wofür du dich dann zehn Jahre später rächst. Der Zwanziger ist da! Freiheit! Endlich erwachsen. Deine Freunde hast du dir mittlerweile selbst ausgesucht, genauso wie den Ort der Feier. Der sich in erster Linie dadurch auszeichnet, dass er außerhalb des Einflussbereiches deiner Erzeuger liegt. Auch zwischenmenschlich lässt du dir nicht in die Karten schauen. Selbstverständlich hast du deine Freundin zu Hause noch nicht vorgestellt. Dass du bereits Alkohol konsumierst, ist deinen Eltern zwar klar, wenn auch nicht, in welchen Mengen. Zum Zwanziger wird nämlich in der Regel die Spirituosenabteilung des nächstgelegenen Supermarktes leergekauft und kräftig vor-, zwischen- und nachgeglüht. Der erste Tag deines Lebens als Zwanzigjähriger ist daraufhin geprägt von Kopfschmerzen, Übelkeit und Gedächtnislücken, aber das spielt in diesem Alter noch keine Rolle. Carpe diem! Oder vielmehr: Carpe noctem!

Der Dreißiger. Noch kein Alter. Aber man ist auch kein Jugendlicher mehr. Diesen Umstand macht man sich jedoch noch nicht bewusst. Noch nicht. Du hast eine feste Freundin – meist nicht mehr dieselbe wie vor zehn Jahren –, euer beider Freundeskreis überschneidet und ergänzt sich. Und mit dem wird sodann ausgelassen gefeiert, Alkohol gibt's auch wieder. Die Frage, was man dazu isst, ist nun aber schon etwas wichtiger als noch vor zehn Jahren. Je nach Saison gibt's Gegrilltes oder Fondue. Nach wie vor sollte der nächste Tag tunlichst kein Arbeitstag sein. Man ist nämlich bereits erwerbstätig. Finanzielle Verpflichtungen geben den Takt vor. Wohnung oder gar Eigenheim will abbezahlt werden, Urlaub, Auto, womöglich schon eigene Familie, das alles kostet. Sorglos war früher. Aber man ist noch jung.

Vierzig. Jetzt kann es schon sein, dass wir bereits nicht nur unseren, sondern auch bereits den runden Geburtstag unseres Nachwuchses zu feiern haben. Den zehnten oder – wenn wir schon sehr früh in den Genuss der Elternschaft gekommen sind – gar den zwanzigsten. Wir sind aber noch immer jung. Vierzig ist das neue Zwanzig! Du fährst Mountainbike und gehst ins Fitnessstudio. Deine Ehefrau ist klug und lässt dir diese Freiheiten. Auch die, dass du dir die Vespa aus deiner Jugendzeit restauriert hast und damit – selbstverständlich in schicker Retro-Lederjacke – zur Arbeit oder zum Stammtisch düst. So einen hat man nämlich spätestens mit vierzig zu haben. Keinen Stammtisch im traditionellen Sinne, wie ältere Menschen ihn haben, nein. Man ist vielmehr Mitglied einer Runde Gleichgesinnter. Und eben diese Gleichgesinnten – die Freunde vom Vespa-Club oder der Mountainbike-Gruppe – sind es dann auch, die nun das Rahmenprogramm unserer Geburtstagsfeier gestalten. Da werden Transparente mit mehr oder weniger lustigen Reimen bemalt und zusammen mit Vierziger-Beschränkungsschildern vor unserem Heim aufgehängt. Damit es auch ja jeder mitkriegt.

Der Fünfziger ist für viele ein echter Angstgegner. Jetzt ist die Jugend aber endgültig weg. Unsere Krankenkasse empfiehlt dringend, uns mithilfe diverser Sonden Vorsorge-untersuchen zu lassen. Der körperliche Verfall wird zum offiziellen Thema. Und wir haben auch eine mentale Krise. Die wir auf verschiedenste Arten zu bewältigen trachten:

a) Wir fügen uns in unser Schicksal und geben ab jetzt den gesetzten, älteren Herrn.

b) Wir kaufen uns eine Harley-Davidson, beginnen Zigarre zu rauchen und schließen uns einer dementsprechenden Bande an.

c) Wir legen uns eine fünfundzwanzigjährige Geliebte zu. Hier sind die Varianten mit oder ohne Scheidung zu beobachten.

d) Wir ignorieren unser Alter und heben uns a, b und/oder c für den Sechziger auf.

Sechzig. Definitiv der letzte runde Geburtstag, den wir abends zelebrieren. Die ab nun folgenden werden nur noch zu Mittag gefeiert. Aber dazu gleich. Noch wehren wir uns nämlich gegen die Bevormundungsversuche unserer Kinder. Dieses Jubiläum wollen wir noch selbst gestalten. Wir reservieren im teuersten Restaurant der Stadt, was den Kreis der Gäste schon aus finanzieller Räson massiv einschränkt. Mittlerweile sind wir auch Weinkenner und geben beim Alkohol nicht mehr der Menge, sondern der Qualität den Vorzug. Theoretisch. Praktisch hinterlässt uns die Sechziger-Feier aber mit ähnlich starkem Kopfweh und Unwohlsein wie ehedem. Nur dauert's jetzt bereits fast drei Tage, bis wir uns vollständig davon erholen. Geben wir natürlich nicht zu. Sonst hält uns womöglich noch irgendwer für alt. Wir schlucken einfach ein Aspirin, jedoch nicht ohne vorher genauestens den Beipackzettel gelesen zu haben. Wegen der Wechselwirkungen mit den anderen Tabletten, die wir bereits regelmäßig einnehmen.

Die Siebziger-Feier findet – wie oben schon erwähnt – nun mittags statt. Die Zahl der Gäste ist jetzt wieder stattlich, man hat schon etliche Enkel. Es gibt Kalbsbraten und Gedichte. Rührend vorgetragen von eben erwähnten Enkeln oder der Nordic-Walking-Gruppe, der wir angehören. Unsere Kinder haben mithilfe ihres Computers eine Zeitung gestaltet, die unseren bisherigen Lebenslauf zum Inhalt hat. In Wort und Bild. Zwischenbilanz wohlgemerkt, kein Nachruf. In der Konversation dominieren medizinische Inhalte. Ach ja, und was dieses Jubiläum markant vom vorangegangenen runden Geburtstag unterscheidet: Wir sind mittlerweile pensioniert, genauso wie etliche der Gäste. Der wohlverdiente Ruhestand und seine Tücken sind dementsprechend auch Thema bei Kaffee und Torte.

Achtzig, neunzig, hundert. Auf die Art, wie solche hohen Feierlichkeiten vonstattengehen, möchte und kann ich an dieser Stelle und zum jetzigen Zeitpunkt aufgrund meiner relativen Jugend nicht näher eingehen, hier fehlt mir die Expertise. Noch kaum, dass ich solchen Jubiläen beigewohnt habe, vielleicht darf ich in zukünftigen Publikationen darüber berichten. Nur so viel sei angemerkt: Zum Achtziger gratuliert verlässlich der Bürgermeister, beim Neunziger der Landeshauptmann und zum Hunderter kommt der ORF.

* * *

Ich hoffe, es war für jeden etwas dabei. Es steht uns gottlob frei, die Art, wie wir unsere Geburtstagsfeier gestalten, selbst zu wählen. Der Onkel Franz ist in diesen Dingen nicht sehr festgelegt. Eine Runde am Stammtisch ist freilich zu bezahlen, wenn eines seiner Mitglieder Geburtstag hat, und auch mit der Tante stößt der Onkel jedes Jahr mit einem Glaserl Wein an. Einen großen Bahnhof aber mag er nicht. Bei sich selbst zumindest. Anderen gönnt er es natürlich, wenn ausgiebig der Jahrestag gefeiert wird im Kreise der Familie, mit Freunden oder wie auch immer. Manchmal geht er auch nicht ungern hin zu derartigen Anlässen. Manchmal. Meist aber ist er verhindert. Oder gibt vor, verhindert zu sein.

Was den Onkel Franz hauptsächlich daran hindert, manchen Einladungen Folge zu leisten, ist das Korsett einer gewissen Unfreiheit, das ihm dabei unweigerlich angelegt wird. So stellt sich in diesem Zusammenhang oft die Frage: Wenn ich da hingehe, kann ich dann auch jederzeit, also auch schon vorzeitig, wieder gehen? Darauf lautet die

Antwort zumeist: Nein, auf gar keinen Fall, das gehört sich nicht. Weitere Fragen, die den Onkel beschäftigen, lauten: Wer ist sonst noch dort, neben wem muss ich sitzen, aber vor allem, was gibt's zu essen? Um nur einige zu nennen. Fragen, die er ausschließlich an sich selbst, höchstens noch an die Tante richtet. Die darauf meistens sagt, er solle sich bitte nicht so anstellen.

Und so fügt er sich dann oft in sein Schicksal. Hilft ja nicht. Schauen wir mal, wie's dem Onkel in der nächsten Geschichte dabei ergangen ist.

Die Vernissage

Jetzt ist er also tatsächlich unter die Künstler gegangen, der Scharinger Jacques. Der Jacques, der eigentlich Jakob heißt und einer der zahlreichen Neffen des Onkel Franz ist, lebt schon lange mit seiner Frau, der Marie, in München. Arbeitet dort für irgendein großes, wichtiges Unternehmen im Marketing. Er ist uns in vorangegangenen Geschichten schon das eine oder andere Mal begegnet, wer sich eingehender über ihn ins Bild setzen möchte, dem sei die Lektüre der Geschichte „Mediterranes" aus dem ersten Onkel-Franz-Band empfohlen.
Und nun ist er anscheinend Kunstmaler geworden, der Jakob. Das geht zumindest aus der Einladung zur demnächst stattfindenden Vernissage hervor, die der Onkel gestern in der Post hatte. Was diese ganze Künstlersache nun mit dem Thema Geburtstag zu tun hat, werden Sie fragen, und ich sage es Ihnen. Exakt an seinem Fünfzigsten hat der Jacques Scharinger beschlossen, seine Erstlingswerke zu zeigen. Und das in seinem und des Onkels Heimatort. Im ehemaligen Pfarrhof, dort hat die Gemeinde einen schönen Saal renoviert. In München könnt's ja jeder, hat er gemeint, und außerdem, er wolle zurück zu seinen Wurzeln,

die Muttererde spüren. So steht es zumindest in der Einladung, die der Onkel Franz gerade ausgiebig studiert hat. „A Wernisasch. Da Jakob. Müss' ma do wirkli hingeh'?", fragt er wenig begeistert die Tante. „Unbedingt, Franzl", antwortet die, „du bist der Patenonkel, des ghört sich." – „Gibt's do was z'essen?" – „Sicher." – „Was Gscheites?" – „‚Für Ihr leibliches Wohl ist gesorgt'", zitiert die Tante die Einladung. „Steht da. Und außerdem ist des dem Jakob sei Fuffzga, do wirda se ned lumpen lassen." Recht überzeugt das den Onkel nicht. „Wahrscheinlich gibt's wieder so a italienisches Zeug. Aber wannst meinst, dann gehn ma hoit hi."

Am Tag der Ausstellungseröffnung und des runden Geburtstages erscheinen Onkel und Tante tadellos gekleidet im Festsaal. Es sind schon allerhand Gäste da. Viel Verwandtschaft, der eine oder andere Würdenträger der Gemeinde und etliche, die dem Onkel Franz unbekannt sind. Wahrscheinlich Münchner Freunde vom Jakob. Schauen zumindest so aus. Hauptsächlich schwarz gekleidet, moderne Brillen, viel Rollkragenpullover. Der Gastgeber ist ähnlich gewandet, sticht aber durch Farbtupfer ein bisserl aus der Masse heraus. Der Jacques hat sich nämlich auch optisch seiner neuen Rolle angepasst. Einen roten Schal trägt er, und ebenso rote, handgemachte Schuhe. Die, die unter fairen, nichtkapitalistischen Arbeitsbedingungen im Waldviertel hergestellt werden. Auch die Haare hat er sich ein Stückerl länger wachsen lassen, stellt der Onkel fest, als er seinen Neffen und dessen Frau herzlich begrüßt. Dabei gratuliert er ihm auch gleich zum Geburtstag und überreicht das mitgebrachte Geschenk. Eine Kiste Weißbier ist es, daheim schon vorgekühlt. „I hob ma dacht, des könntst heut' brauchen. Mögen ja doch ned alle an Wein. Aber glei in Kühlschrank, goi?" Die Tante schaut ihren Gatten tadelnd von der Seite an, sie war schon zu Hause der Meinung, dass die vom Onkel getroffene Geschenkauswahl unpassend sei.

Die Mitzi Scharinger, ebenfalls dem Anlass gemäß dramatisch gekleidet, klopft nun ans Prosecco-Glas, um die Laudatio auf den Künstler anzukündigen. Die hält der Jacques praktischerweise gleich selber, weshalb er dabei auch recht gut wegkommt. Von der Bedeutung der Kunst im Marketing und umgekehrt spricht er, und über den tieferen Sinn, der seinen Gemälden innewohnt. Der Onkel Franz passt nicht so recht auf, ist er doch schon geraume Zeit damit beschäftigt, das noch nicht eröffnete Buffet zu begutachten. Eh klar, denkt er sich, Prosciutto, Oliven und Co, das volle Programm der Toskana-Fraktion. Na, wenigstens gibt's a Weißbier. Aber hoffentlich bald, denn er ist schon sehr durstig von dem trockenen Gerede vom Jakob. Der spricht gerade von der besonderen, impressionistischen Lichtbrechung in der Gegend um Siena und wie dieselbe unter Berücksichtigung der geopolitischen Umstände im Kontext des Spannungsfeldes der sozialen Unterschiede der Kontinente vom Künstler geradezu expressionistisch zu interpretieren sei.

Dem Onkel bleibt dieser offensichtliche Zusammenhang verborgen, dafür hat er zu seiner Freude zwischen all den italienischen Spezialitäten soeben etwas entdeckt, das kaltem Schweinernen ähnelt. Das versöhnt ihn ein wenig und er beschließt, dem Rat der Tante zu folgen. Nämlich dem, mit dem Jakob seinen Bildern gnädig zu sein und mit seiner Meinung darüber etwas hinterm Berg zu halten. Denn gar so gefallen ihm die nicht. Also eigentlich überhaupt nicht. Schon als Kind hat der Bub nicht zeichnen können. Wenn er damals versucht hat, ein Tier hinzukritzeln, sei es eine Katze, ein Hund oder ein Pferd, es hat alles immer ausgesehen wie ein Schweindl.

So eine Vernissage ist ja traditionell eine Stehpartie. Der Onkel Franz wiederum sitzt gerne. Am anderen Ende des Saales sind Tische und Stühle gestapelt, für Vorträge und Ähnliches. Die hat der Onkel gerade erspäht und auch die Huber Kreszenz, eine Großcousine. Die ist schon sehr betagt und nicht mehr allzu gut zu Fuß. Er fasst einen Plan und setzt ihn nun, da der Jacques mit seiner Rede fertig ist und alle applaudieren, in die Tat um. „Jo grüß' di Gott, Kreszenz, du a do? Respekt! Tun dir sicher schon d'Füß' weh von der Steherei, goi? Wart, i hol' da an Sessel. So schau her, da sitzt di hin. Einen Tisch bring' i a nu, dann kannst dei Glasl abstelln." Nicht ganz uneigennützig vom Onkel, er hat auch für sich einen Stuhl dazugestellt. Zwei, drei andere Innviertler folgen seinem Beispiel, man rückt zusammen und prostet sich zu. Mittlerweile wurde nämlich von der Mitzi das Buffet eröffnet. Der Onkel Franz hat sich etwas von dem Schweinernen geholt und ein Weißbier. Letzteres schmeckt ihm hervorragend, das Fleisch eher nicht. Recht fett und trotzdem zäh ist es, mit einer Haut wie Gummi. Sehnsüchtig schaut er aus dem Fenster auf die andere Straßenseite hinüber. Denn da befindet sich der Egger-Wirt, eines seiner Stamm-Gasthäuser. Der Onkel winkt einen Buben aus der Verwandtschaft zu sich, flüstert ihm etwas ins Ohr und steckt ihm einen Geldschein zu.

Eine halbe Stunde später – mittlerweile haben sich rund um den Onkel Franz und die Huber Kreszenz drei weitere Tischrunden gebildet, es geht schon recht lustig zu – setzt sich die Tante zu ihrem Mann. „Sog amoi, Franzl", fragt sie ihn, „woher host denn du die Debreziner? Die hob i am

Buffet gar ned gsehn." Und nach einem Blick in die Runde: „Und sog, is des da drüben ned die Resi, die Kellnerin vom Egger?" Ja, tatsächlich, es ist die Resi, und auch ihr Tablett hat sie dabei, bestückt mit allerhand Gläsern und Tellern. „Schau Franzl", meint die Tante, „host di wieder mal täuscht in dem Jakob. Und du wolltst schon ned mitgehn."

* * *

Genug gefeiert, nehmen wir den Faden, der sich durchs Kalenderjahr zieht, wieder auf. Wir widmen uns nun bereits seinem letzten Drittel. Und in dem stellt sich Ende September mit der Tag- und Nachtgleiche offiziell der Herbst ein. Die Blätter färben – bevor sie fallen – um von saftigem Grün zu allerlei Braun-, Gelb- und Rottönen. Die Natur schaltet einen Gang zurück, einige Menschen auch. Vor allem, wenn sie sich selbst ebenfalls im „Herbst des Lebens" befinden. Die Rede ist von der Pension, der Rente. Meist wohlverdient nach jahrzehntelanger Erwerbstätigkeit, begibt man sich in den Ruhestand und genießt die Früchte seiner Arbeit. Ab nun ticken die Uhren anders, gestalten sich die täglichen Routinen in vollkommen anderer Art. In mancher Partnerschaft kann es durch derart radikale Umstellung gewohnter Abläufe durchaus zu Irritationen kommen. Wie nachstehende Szene belegt.

Unruhestand

Kaffeehaus, früher Nachmittag, innen:

„Servus Karin, schön, dass d' Zeit hast."
„Hallo Elli. Freilich hab' ich Zeit. Aber sag, was gibt's? Warum hast angrufen?"
„Na ja", die Elli seufzt, „wegen dem Herbert halt. Wir haben eindeutig ein Problem."
„Auweh. Geht er fremd, gell?"
„Aber was, schön wär's."
Der Kellner kommt. Es werden zwei Melangen bestellt sowie eine Esterházy-Schnitte und ein Stück Malakofftorte. Dabei wirft die Karin der attraktiven Servierkraft einen interessierten Blick zu. Um sodann den Faden der Unterhaltung wieder aufzunehmen:
„Aha, kein Fremdgehen. Gut. Was dann?"
„Weit schlimmer", die Antwort der verzweifelten Freundin, „in Pension is er. Rente, verstehst?"
„Auauauauau, das is hart. A echts Problem. Seit wann?"
„Drei Wochen schon", die Elli schnäuzt sich geräuschvoll zwischen zwei Bissen Esterházy, „und jetzt hab' ich ihn halt da sitzen. Den gan-zen Tag, verstehst?"

„Geht er denn nie wohin? Aus'm Haus, fort, gar nix?", wird nachgefragt.

„Eben nicht, das is es ja. Ich sag' eh immer: Geh halt amal spazieren, a bisserl in d'Stadt oder so. Mag er ja ned, der Stoffel."

Die Karin legt der Elli die Hand auf die Schulter, tröstet sie in ihrem schweren Schicksal. Dafür sind gute Freundinnen da.

* * *

Zur gleichen Zeit: Wirtshaus, Gastgarten, außen.

„Servus Karl, schön, das d' Zeit hast, sitz di her."

„Eh klar, hab' i Zeit, fürn Gastgarten oiwei." Setzt sich. „Was gibt's, Herbert, du wolltst was besprechen mit mir, hast gsagt?"

„No jo, um die Elli geht's. Die benimmt se de letzten Wochen so komisch."

„Aha. Meinst, geht s' fremd, ha?"

„Geh, de Elli do ned. Kann i mir ned vorstellen."

Die fesche Kellnerin kommt und der Karl bestellt ein Bier nebst Essigwurst. Zwinkert ihr dabei ein bisserl zu. Schaut ihr noch etwas nach, bevor er sich wieder an den Herbert wendet:

„Sauberne Figur, des Madl. Aber wieder zur Elli. Was heißt komisch benehmen? Was tut s', was sagt s'? Und seit wann?"

„Na ja, seit drei Wochen circa. Seit i halt in Pension bin. Is mir vorher nie so aufgefallen, wie die auf mi fixiert is. Lässt mich nicht aus den Augen, verstehst? Geh' i mal kurz vor d'Tür, fragt s' glei: ‚Wo warst du? Warst spazieren? Was hast gmacht?' I komm' kaum mehr weg. Dass wir jetzt da so sitzen, geht a nur, weil s' grad a Freundin trifft. Hat anscheinend Probleme, die andere, und will reden, hat s' gsagt, wos was i." – „Jaja, die Weiberleut'", sagt der Karl, „des kenn' i." Die beiden stoßen an.

* * *

Währenddessen im Kaffeehaus:

„I war's halt gwöhnt, dass er untertags ned da is", sagt die Elli grad zur Karin, nachdem sie eine weitere Melange bestellt hat, „und i mein Haushalt führ' wie die letzten Jahrzehnte halt a. Aber jetzt is er da. Und gscheidelt überall umadum, furchtbar!"
„Wenn du meinen Rat willst …", sagt die Karin und winkt dem Kellner.
„Ja gern, sowieso. Drum hab' ich ja angrufen."
„… dann bestell' ich uns jetzt erstamal zwei Glaserl Prosecco. Mit dem Kaffeegschledarat kommst ja auf koan gscheiten Gedanken."

* * *

Im Wirtshaus-Gastgarten sind der Herbert und der Karl gerade beim jeweils dritten Bier, welchem aus ähnlich taktischen Überlegungen ein Schnapserl zur Seite gestellt wurde.

„Die Meine", sagt der Karl, nachdem er sein Stamperl gekippt hat, „die hat si a verändert, nachdem i in Ruhestand gangen bin."

Der Karl war Beamter, da geht man nicht in Pension. Da wird man in den Ruhestand versetzt.
„Dasselbe Theater. Is ma nicht von der Seite gewichen. Direkt nachgschlichen is' ma durchs Haus. Furchtbar."
„Und was hast gmacht?", will der Herbert wissen.
„Ein Hobby muss her, hab' i beschlossen. Und zwar so eins, wo ma öfter moi weg muaß, verstehst? Seither bin i Kassier beim Fußball-Anhängerverein. Da hat s' zwar am Anfang a bisserl gmault, aber i hab' mi durchgsetzt. Sowas brauchst du auch, mein Freund!"
„Keine Chance", ist der Herbert überzeugt, „des passt ihr sicher ned, meiner Elli."

* * *

Im Kaffeehaus hat man mittlerweile auf Vorschlag des charmanten Kellners eine ganze Flasche Prosecco bestellt. Nullsiebenfünf, das sind grad mal drei Glaserl pro Dame und von wegen Preisvorteil und so.

„Such ihm ein Hobby", verkündet die Karin in der nun schon etwas gelockerten Atmosphäre, „dann hat er was zu tun und is ned allerweil lästig. Aber eins, wora öfter außer Haus muaß. Dann hast wenigstens ab und zu dei Ruh'!"
„I woaß ned", zweifelt die leidgeplagte Freundin, „der Herbert und a Hobby? So faul wie der is?"
„Setz dich durch", insistiert die Karin, „sonst hast ihn viarazwanzg Stundn am Gnack! Der Meine is jetzt Kassier beim Fuaßbolla-Fanclup, der wollt z'erscht a ned."
„Sport geht beim Herbert gar ned. Faul, wie gsagt." Die Elli schenkt sich aus der Flasche nach, der Prosecco schmeckt ihr. „Aber gscheit daherredn, des kann der Herr Inscheniör.

Neulich hat er mir erklärn wolln, wia ma Wiaschtln siadt, glaubstas? Seit vierzg Jahr tua i die Wiaschtln ins koide Wossa und drah auf den Ofen. Ham eahm immer gschmeckt. Jetzt tat er mir erklärn, dass des a füsikalischa Bledsinn warad. A Hobby muaß her, oba safurt!"

* * *

Im Wirtshaus-Gastgarten hat die Jacqueline, die Kellnerin, beim zweiten Schnapserl einen mitgetrunken. Kundenbetreuung sozusagen.

„Wie des ohne mi solang alles funktioniert hat dahoam, frag i mi eh." Der Herbert, dessen vorhin bestelltes Paar Frankfurter mittlerweile serviert worden war, unterstreicht seine Aussage, indem er sich mit dem Würschtl an die Stirn tippt. Dabei bleibt ein bisserl Senf über der rechten Augenbraue picken. „Wasser aufstellen, aufdrehn, hab' ich ihr gsagt. Wanns kocht, Wiaschtln eini, Ofen aus! Alles andere is fiskalischa Schmarrn, oder?" Er ist jetzt schon etwas aufgekratzt und wirkt nun selbstbewusster als zu Anfang.
„Und de Meine", stimmt ihm der Karl zu, „schwoabt ein jedes Teller z'erscht pippifein ab, bevor s' es in Gschirrschpüla ramt. Für was is des guat, ha?"
Die beiden Herren sind sich augenscheinlich einig, dass gewisse haushaltliche Tätigkeiten die Frau an sich überfordern. Aber zurück zum eigentlichen Thema. Dem neuen Hobby vom Herbert.
„Dunkelkammer!", verkündet der Karl nach einem dezenten Rülpser, „eine Dunkelkammer machst du dir im Keller, des is des Richtige."

Der frisch pensionierte Freund versteht nicht gleich. „Was für a Kammer? Für was?"

„Weil du jetzt zum Fotografieren anfangst, als Hobby, verstehst? Da bist oft weg und dahoam, wann 's rote Liachtl über der Tür brennt, dann is Eintritt verboten für die Elli. Wegen der Belichtung, verstehst?"

Jetzt dämmert es dem Herbert, dass sein Freund gerade eine geniale Idee gehabt hat, eine Eingebung sozusagen. Das verlangt nach einer weiteren Runde.

* * *

Die Flasche Prosecco war schneller leer als gedacht. Ungefragt hat der fesche Kellner eine zweite gebracht. Happy Hour wäre mittlerweile, halber Preis, was is, meine Damen? Auch ein drittes Glas hat er dabei.

„Sagamal, Pascal", der Kellner hatte sich beim Anstoßen mit Vornamen vorgestellt. „Sagamal, Pascal", fragt ihn also jetzt die Elli, „hast jetzt du ein Hobby oder lebst du alleine?" – „Weder noch", lautet die Antwort, welche jedoch von der Karin missverstanden wird.

„So fesch und ka Freundin, glaubstas? Und was für a Hobby wär' jetzt des dann?"

Der fesche Pascal zwinkert ihr anstatt einer Antwort zu und entfernt sich. Sein Glas nimmt er mit. Das Pflaster an Tisch vier wird ihm nun wohl ein bisserl zu heiß.

„Der tuat sicher Fotomodln, der Burschi!" Die Elli hat jetzt schon einen Zustand erreicht, der gemeinhin als Damenspitz bezeichnet wird. „Weil auschaun tuat er eh wie aus da Parfä-Werbung."

„Na servas", stimmt ihr die Karin zu, „hör auf. I stell man grad vor in da Bodhosn, hihihi!"
Sie kichert wie ein Schulmädl, spürt den Prosecco auch schon ziemlich. „Warad des nix für dein Herbert, ha?"
„Was? Da Pascal in da Bodhosn?"
„Na geh, Fotomodl, moan i!"
„Jo freili", kontert die Elli, „mit deim Karli zam, für a Schweinsbrotn-Werbung oder was?"
Die Karin trinkt und lacht gleichzeitig, verschluckt sich beinahe am Schaumwein. Dann wird sie unvermittelt wieder ernst. Bei den letzten Sätzen ist ihr anscheinend eine Idee gekommen. „Kauf ihm einen Fotoapparat. Aber analog, goi? Weil des macht mehr Arbeit mit'm Entwickeln und so, und du hast länger dei Ruah. Und außi muaß a, in d'Natur. Dann is er beschäftigt, dei Herbert, verstehst?"
„Liebe Karin", ruft darauf die Elli aus, „du bist a Schenie! Auf des trink ma nu a Flascherl!"

* * *

Montagvormittag sitzen die Jacqueline und ihr Pascal auf dem Balkon ihrer Fünfzig-Quadratmeter-Wohnung beim Frühstück. Sowohl das Kaffee- als auch das Wirtshaus haben heute Ruhetag. Nach längerem Schweigen richtet die Jacqueline scheinbar beiläufig eine Frage an ihren Freund:
„Sagamal, Pascal, meinst, san mir zwei noch beianand, wenn du amal in Pension gehst?"
„Komisch", antwortet der, „an sowas Ähnliches hab' i neulich a grad denkt. Wieso fragst?"
„Ah, nur so."

* * *

Sie sehen also, ganz so reibungslos gestaltet er sich nicht, der Ruhestand. Der Onkel Franz befindet sich ja auch schon lange in Rente und hat zum Thema bereits den einen oder anderen Beitrag geliefert. Dass er in der ersten Zeit seiner Pensionierung die Klippen und Stromschnellen der Veränderung leidlich gut umschiffen konnte, verdankt er seinem Steuermann. Namentlich seiner Frau, der Tante. Einer sehr klugen Frau, die ihm die anfänglichen Eigenheiten erst kommentarlos durchgehen ließ, um sie ihm daraufhin durch ebenso subtile wie unbemerkte Steuerung wieder abzugewöhnen.

Uncharmant könnte man sagen, sie hätte ihn immer gut im Griff gehabt, ihren Franzl. Das wird der Sache aber nicht wirklich gerecht. Denn es kann ja letztlich nicht das Ziel einer Partnerschaft sein, sich ein- oder gegenseitig im Griff zu haben. Vielmehr sollten sich Zuneigung und Respekt voreinander in Wertschätzung ausdrücken. Einer Wertschätzung eben auch der Eigenheiten, der Ecken und Kanten des anderen. Eine Partnerschaft ist eben keine Einbahnstraße. Hier ist Geben und Nehmen gefragt, etwa bei Freiräumen.

Einen ganz speziellen Freiraum, den sich der Onkel Franz nimmt und ihm die Tante auch gewährt, ist sein Stammtisch. Dorthin begibt er sich, um mit Gleichgesinnten akutelle Themen zu erörtern, das eine oder andere Rededuell auszufechten oder einfach nur, um in aller Ruhe eine kleine Mahlzeit nebst Begleitgetränk zu sich zu nehmen. Die psychosoziale Wertschöpfung solcher regelmäßigen Zusammenkünfte ist nicht zu unterschätzen. Selbsthilfegruppen, die es heutzutage ja bereits schon für beinahe jedes erdenkliche Thema gibt, funktionieren letztlich auch nicht anders.

Und so ist nun scheinbar mühelos die Überleitung gelungen zur nächsten Marke im Jahreskreis, dem schönen Monat Oktober. Der beschert uns unter anderem ein nach ihm benanntes Fest. Und die Idee, ein solches zu besuchen, wurde eben an des Onkels Stammtisch geboren. Dorthin wollen wir uns nun im Anschluss begeben.

Der Stammtischausflug

„Jetzt geh weida, Franzl, stoi di ned so an, des wird sicher a Gaudi!" Schon seit drei Wochen versucht der Albert den Onkel Franz zu überreden, am geplanten Stammtischausflug teilzunehmen. „Du warst eh nu nie auf'm Münchner Oktoberfest, oder?" Nein, antwortet der Onkel, auf der sogenannten „Wiesn" wäre er tatsächlich noch nie gewesen und er verspüre auch nicht das Bedürfnis, diese Bildungslücke zu schließen. Ob denn er, der Albert, schon öfter an diesem Großereignis teilgenommen hätte? „I?", gibt der zurück, „na, bis jetzt a nu ned. Oba glaub mas, da miaß ma hi!" „Genau", stimmt der Egger-Wirt dem Albert zu, „oamoi muaß mas scho gsehn hom, des Theater. In de Sechzgerjahr' hob i dort amoi ois Schankbursch garbeit, seither war i a nimma dort." Es ist Dienstag, und da ist, wie wir mittlerweile wissen, immer Stammtisch beim Egger. Und wenn hier vom Wirt die Rede ist, dann vom Seniorchef. Der Junior weilt zum Zeitpunkt dieser Geschichte noch am Arlberg, auf Saison. „Jetzt sog scho Jo", bedrängt der Albert den Onkel weiter, „da Hans foahrt a mit. Goi, Hans?" – „Sowieso", stimmt der Hans zu. Er ist meist schnell überredet, zu was auch immer.

Man hat den Onkel Franz dann an den darauffolgenden Dienstagen weiter bearbeitet, letztlich gab er nach. Und so besteigt er nun mit den drei anderen am Bahnhof Simbach den Regionalzug nach Mühldorf am Inn. Die Tatsache, dass die Reise nach München eine mit der Bahn sein würde, hatte der Albert aus taktischen Gründen erst kurz zuvor verlautbart. Der Onkel fährt nämlich äußerst ungern mit dem Zug. Noch mehr allerdings sind ihm Busreisen ein Gräuel. Wir wissen das aus vorangegangenen Geschichten. „Mit'm Zug?", mault er dann auch. „Muaß des sei?" – „Was host denn glaubt", antwortet der Albert, „dass ma für di an Hubschrauber tschartern, ha? Sitz di her do, des wird da scho gfoin. Mir hom a Jausn und a Bier mit." Diese Aussicht besänftigt den Onkel Franz einigermaßen, und tatsächlich ist es größtenteils auch eine recht angenehme Fahrt geworden.
In Mühldorf haben die vier Innviertler ohne Probleme den Anschlusszug erwischt. Der Zustieg der Fußball-Anhänger, etwa drei Stationen vor der Ankunft in München, war etwas störend, die sechs Burschen hatten an diesem Vormittag bereits ihre Tagesration Alkohol intus und sich dementsprechend aufgeführt. „Oleeeee, Oleoleole!", rufen sie alle paar Minuten aus und schwenken ihre Wimpel und Fan-Schals. Man wird verstehen, dass beim Onkel Franz, welcher sich gern latent bavariophob gibt und der auch mit König Fußball noch nie etwas am Hut gehabt hat, angesichts der bereits am Vormittag schwer angetrunkenen bayerischen Fan-Horde keine rechte Freude aufkommen wollte. Weshalb der Versuch vom Rudelführer der Rot-blau-Gestreiften, eine Konversation zwischen den beiden Reisegruppen anzubahnen, von vornherein zum Scheitern verurteilt war. Auf dessen Frage „Sats es Sechzga

oda Bayern, ha?" hat der Onkel sodann auch nur kurz angebunden geantwortet: „I bin a Siebzga und a Innviertler, passt des?"

München, Hauptbahnhof. Unter der Führung vom Albert – der hat sich vorher schlaugemacht – begeben sich die Innviertler zur U-Bahnlinie vier. Die fährt direkt bis zur Theresienwiese. Der Onkel Franz wird noch lange danach über das unglaubliche Gedränge in der U-Bahn und jenes auf der Rolltreppe, die zum Wiesn-Gelände hochführt, schimpfen. Sowas hat er noch nicht erlebt. Und will er auch nicht mehr erleben. Wie wir wissen, ist ihm ja schon die vergleichsweise überschaubare Menschenansammlung am heimatlichen Wochenmarkt zu viel. Dementsprechend überfordert ist er auch angesichts der Besuchermassen, in die sie von der Rolltreppe gleichsam hochgeschaufelt werden. Am liebsten hätte er sich, wie bei einem Ausflug von Erstklässlern, an seinem Vordermann, dem Hans, angehalten, um den Anschluss zur Truppe nicht zu verlieren. Das erachtet er aber als nicht vereinbar mit der Würde seines Alters. Irgendwie schaffen es die Innviertler aber dann doch ohne Verluste zum Ziel ihrer ersten Etappe, dem Biergarten der Fischer-Vroni. Hier hat der Albert ein Weißwurstessen geplant. Dazu Augustiner vom Fass.

Beim Bier befolgt der Onkel Franz die Vorgaben des Reiseleiters, mit Weißwürsten hat er's aber nicht so. Dafür steigt ihm der Geruch von Steckerlfischen in die Nase, er entscheidet sich für einen Saibling. Auf den Einwand vom Egger-Wirt, dass zum Fisch ein Weißwein gehöre, antwortet der Onkel lediglich: „Hot da des dei Bua vazöht, ha? Da Herr Sommelier vom Arlberg? Der soi ned so gscheid daherredn, i dring, was i wui." – „Recht host, Franzl",

stimmt ihm der Hans zu, „mia Innviertler lassn uns nix vorschreibm!" Dabei lallt er schon leicht. Bereits im Zug hat er ausgiebig dem mitgebrachten Bier zugesprochen, und auch jetzt leert er schon die zweite Maß.
Zum Missfallen vom Albert, der sich anscheinend selbst zum Verantwortlichen für die Reisegruppe erklärt hat, beginnt der Hans auch noch zu singen: „Innviertler samma, mir lassn uns nix gfoin, Revoiva in da Toschn, Messer a da Schnoin!" Und das tut er relativ laut. Die Beamten der Security, die „Wiesn-Sheriffs", die mittlerweile überall auf dem Oktoberfest anzutreffen sind, werfen einen strengen Blick auf den Hans, die Textzeile mit dem Revolver und dem Messer hat wohl ihre Aufmerksamkeit erregt. „Hör auf, de schaun scho!", weist der Albert den Hans zurecht, und der Egger-Wirt sagt: „Wannst singa wuist, Hans, dann muaßt ‚Zur Schönheitskönigin' ummigeh, ins Voikssänger-Zoit."
Tatsächlich ist es in besagtem Volkssänger-Zelt üblich, Herrschaften aus dem Publikum, die der Meinung sind, über eine schöne Singstimme zu verfügen, auf die Bühne zu holen. Der Hans ist begeistert von diesem Vorschlag und überredet den Egger-Wirt, mit ihm dorthin zu gehen. Der Albert protestiert, aber das nützt nichts. „Oba dann mochma uns an fixen Treffpunkt aus. In zwoa Stund' beim Haupteingang vom Hippodrom, versprochen?" Eine derart genaue Absprache ist unumgänglich, da zu der Zeit, in der diese Geschichte spielt, noch kaum ein Innviertler der Generation des Onkel Franz über ein Mobiltelefon verfügte.
„So, Franzl", sagt dann der Albert zum Onkel, nachdem die beiden Sängerknaben abgezogen waren, „jetzt san nur nu mir zwoa übrig für'n nächsten Programmpunkt." Er hat sich anscheinend generalstabsmäßig vorbereitet auf diesen

Tag. Der Onkel Franz wäre ihm wohl nicht so bereitwillig gefolgt, hätte er gewusst, was nun auf diesem Plan stand. „Ein Fahrgeschäft muss man besuchen", erklärt der Albert jetzt feierlich und deutet auf die verschiedenen Hochbahnen und Schaukeln, „des is Pflicht auf da Wiesn." – „I moan, du spinnst a weng! In so was steig' i sicher ned ei!" Der Onkel ist zwar leidlich schwindelfrei, sieht aber keinen Sinn darin, sich unnötig den Kräften der Physik auszusetzen, schon gar nicht in derart rasanter Art. Rundherum kreischen und schreien die Passagiere der Achterbahn, vom Tagada und anderer Foltermaschinen. Und dafür auch noch Geld zahlen, sicher nicht!

„Guat", lenkt der Albert ein, der weiß, dass sein Freund selten zu etwas zu überreden ist, „dann suachma was Ruhigers fia di." Er lässt seine Blicke schweifen und wird alsbald fündig. „Schau, da drüben, der Aussichtsturm, da foahrn ma aufi, ha?" Und er deutet auf ein schwammerlartiges, hohes Gebilde. Rund um dessen Säule sind Sitze angebracht, darin nimmt man Platz, wird angeschnallt und bis ganz nach oben gezogen. Das geschieht langsam und ruhig und wirkt auch auf den Onkel Franz gefahrlos. Und die Aussicht aus etwa siebzig Meter Höhe über das ganze Gelände verspricht interessant zu werden. Er tut also dem Albert den Gefallen und steigt mit ihm ein.

Und wirklich, es gefällt ihm. Immer höher geht die langsame Fahrt, immer weiter wird der Ausblick über die Theresienwiese. Ganz oben angekommen, genießen die beiden den atemberaubenden Rundblick über halb München und deuten bald hier- und bald dahin. Erklären sich gegenseitig Bauwerke, die sie glauben zu erkennen. Und als der Onkel Franz gerade sagen will: „Schau, Albert, de zwoa Türm' da drüben, des is d'Frauenkircha", kommt er nur bis zur Hälfte des Satzes. Denn da, urplötzlich – und der Albert schwört bis heute jeden Eid, nichts davon gewusst zu haben, und der Onkel glaubt ihm bis heute kein Wort – beginnt die eigentliche Attraktion, die der vermeintliche Aussichtsturm namens „Skyfall" zu bieten hat. Die Bremsen werden ruckartig gelöst und im freien Fall saust die gesamte Passagierkabine in einem Höllentempo nach unten. Ich habe den Onkel Franz noch nie schreien gehört, aber wenn ich der Überlieferung glauben darf, ist ihm in diesem Moment ein lang gezogenes, alles andere als mutig klingendes „Aaaaaaauuuweeeh!!" ausgekommen. Was er natürlich abstreitet.

Sie haben's aber überlebt, die beiden Innviertler sowie auch alle anderen Insassen der – Originalton Onkel Franz – „Teifesmaschin". Die magnetischen Bremsen sorgten für ein sanftes Abbremsen auf den letzten Metern. Dennoch ist Schreckliches passiert. Der Onkel hat seinen geliebten Hut verloren und der Albert einen kleinen Teil der vorher verzehrten Weißwürste. Letzteres lässt sich mit etwas Wasser und einem Taschentüchl leicht beheben, aber der Hut, eine Katastrophe! Der Onkel Franz macht sich unverzüglich auf die Suche nach dem Lieblingsstück, irgendwo muss es ihn ja hingewachelt haben. In konzentrischen Kreisen sucht er zuerst die nähere und dann auch die weitere Umgebung des Turmes ab und verliert dabei nicht nur den Albert, sondern auch die Orientierung.

Zur selben Zeit sucht der Egger-Wirt auch etwas. Beziehungsweise jemanden. Den Hans. Die beiden sind ja ins Volkssänger-Zelt gegangen, und der Hans hat sich auch gemeldet, als von der Bühne die Frage gestellt wurde, ob jemand aus dem hochverehrten Publikum etwas vorsingen möchte. Und er wurde auch genommen. Was ein Fehler

war. Denn wer ihn kennt, den Text des alten Zechen-Liedes „Innviertler samma, mir lassen uns nix gfoin!" – ein Teil davon wurde ja eingangs schon zitiert –, der wird zustimmen, dass hier erhebliches Konfliktpotenzial enthalten ist. Vor allem, wenn man wie der Hans sich beim Vortrag an einzelne, kräftig gebaute Bayern aus dem Publikum wendet und ihnen dabei die Faust unter die Nase hält.
Zur Ehrenrettung vom Hans sei gesagt, dass er grundsätzlich über ein friedliches Wesen verfügt und seine Drohgebärden in keinster Weise ernst gemeint sind. Das wissen aber die damit bedachten Bayern nicht. Und da diese dem Hans in Bezug auf den Alkoholpegel um nichts nachstehen, kommt es zu Handgreiflichkeiten. Ja, und als der Egger-Wirt das endlich mitkriegt – er hat in der Zwischenzeit mit einer altgedienten Kellnerin gefachsimpelt – und seinem Spezi zu Hilfe eilen will, ist der nicht mehr auffindbar. Jeder sucht nun also jeden: der Egger den Hans, der Albert den Onkel Franz und der wiederum seinen geliebten Hut. Und letztere Suchaktion, da werden Sie mir zustimmen, ist wohl mit Abstand die wichtigste. Also wenden wir uns wieder dem Onkel zu.
Wie der nämlich schon die Hoffnung aufgeben will, glaubt, weder jemals seine Kopfbedeckung noch die anderen Innviertler wiederzufinden, erblickt er das gute Stück am Boden liegend, direkt vor einer Bude mit der Aufschrift: „Auf geht's beim Schichtl". Glücklich schnappt er sich den Hut, klopft den Staub aus dem Cord und setzt ihn auf. Jetzt fühlt er sich wieder komplett, seine Zuversicht steigt. In etwa einer Stunde würde er zum vereinbarten Treffpunkt gehen, dieses Hippodrom wird schon zu finden sein.
„Herrrrreinspaziert, herrreinspaziert!", ruft ein wie ein Zirkusdirektor der Jahrhundertwende gekleideter Herr

jetzt direkt vor ihm auf der Bühne des Schichtl gerade aus. „Treten Sie näher, kommen Sie herein, staunen Sie über unser neuestes Programm!", deklamiert er und zählt die Attraktionen, die das werte Publikum zu erwarten hat, nacheinander auf. Von einer Laterna magica ist da die Rede, vom stärksten Mann der Welt und vielem mehr. „Und am Schluss wird, wie immer beim Schichtl, einer geköpft!" Jetzt ist des Onkels Neugier geweckt. Er erwirbt eine Eintrittskarte und geht hinein.
Viel macht es nicht her, das Zelt mit den einfachen Bänken, aber was da nun auf der kleinen Bühne alles geboten wird, gefällt ihm sehr. Den Schichtl gibt's schon seit 1869 auf der Wiesn und das „neueste Programm" ist seither gleich geblieben. Wir gehen hier nicht näher auf alles ein, das würde den Rahmen sprengen. Schaun Sie sich das einfach mal selber an, werte Leserinnen und Leser. Lediglich die letzte Attraktion, das Köpfen, sei genauer beschrieben Ein Freiwilliger aus dem Publikum – gerade meldet sich ein stattlicher Herr aus der ersten Reihe – wird auf die Bühne geholt und ihm ein schwarzer Stoffsack über den Kopf gezogen. Die Guillotine beim Schichtl ist eine Spezialanfertigung, man wird liegend enthauptet. Der mit dem Sack verhüllte Kopf fällt sodann in einen Korb. Anschließend präsentiert man den Delinquenten unversehrt, es war selbstverständlich alles nur ein Trick. Ein leicht zu durchschauender, zugegeben. Aber charmant im Stil des 19. Jahrhunderts dargeboten und ein bisserl ein Gänsehautfaktor ist dann doch dabei in dem Moment, da das scharfe Fallbeil heruntersaust.
Unter dem Applaus des hochverehrten Publikums – auch der Onkel Franz klatscht fleißig mit – steht nun also der Freiwillige auf vom Schafott, inklusive Kopf. Den befreit

man nun von seiner Verhüllung, und da schau her, es ist der Hans. Leicht schwankend, weil nicht ganz nüchtern, wie wir wissen, aber pumperlgsund. Dümmlich grinsend nimmt er die Bravo-Rufe der Zuschauer entgegen, ganz so, als hätte er persönlich das Kunststück vollführt.
Den Albert hab' ich verloren, denkt sich jetzt der Onkel, aber dafür den Hans wiedergefunden. Und den lass' ich jetzt nicht mehr aus. Er schnappt ihn bei der Hand und zieht ihn hinter sich her, raus aus dem Zelt. Ein Blick auf die Uhr verrät, dass es nicht mehr lang hin ist bis zur verabredeten Zeit, und jetzt gilt es, den Weg zum Hippodrom zu finden. Frag' ich mich halt einfach durch, denkt sich der Onkel Franz, aber so einfach ist das nicht, wie sich herausstellt. Erstens, weil kaum einer, den er anspricht, der deutschen Sprache mächtig ist – entweder gerät er an Italiener, Engländer oder an derart Rauschige, dass eine Kommunikation von vornherein scheitert –, und zweitens, weil der Hans schon wieder lautstark sein Innviertler-Lied singt. Das stört akustisch, aber vor allem sind Textstellen wie „fünf a sechse scheich ma ned, siebm a ochte a ned, gestern homma zehne ghaut, do homs fei gschaut!" so gar nicht dazu geeignet, Vertrauen aufzubauen bei potenziellen Auskunftspersonen.
Die Sache scheint aussichtslos. Als der Onkel schon aufgeben will und in Erwägung zieht, sich demütig an eine Amtsperson zu wenden, klopft ihm der Hans auf die Schulter und sagt: „Schau Franzl, do drüben, san des ned da Albert und da Egger?" Tatsächlich, da stehen sie, und hinter den beiden, hoch über ihren Köpfen in großen Lettern der Schriftzug: „Willkommen im Hippodrom". Sicheren Schrittes geht der Onkel Franz auf sie zu, er hat nämlich gerade beschlossen, sich nicht im Geringsten anmerken zu

lassen, dass er sich in Wirklichkeit hoffnungslos verlaufen hat und nur per Zufall nun am vereinbarten Treffpunkt angelangt ist. Und das auch noch pünktlich auf die Minute. „So, meine Herren", sagt er sodann auch selbstbewusst, „hobts a hergfunden? Respekt." Und zum Egger-Wirt: „Oba an Hans, den host verlorn, goi? Guat, dass' mi hobts, sunst warads aufgschmissen. Und jetzt gemma eini do, i mog a Bier und für'n Hans kauf' ma an Kaffee."

Wie das Ganze ausgegangen ist, ob dem Hans der Kaffee geholfen hat, was die vier Innviertler auf der Wiesn sonst noch so alles erlebt haben und vor allem, wie es der Onkel Franz geschafft hat, den Eindruck aufrechtzuerhalten, er kenne sich auf dem Gelände aus, sei an dieser Stelle nur noch kurz gestreift. Der Albert hat nämlich mittlerweile die Führung der Truppe aufgegeben und dem Onkel überlassen. Nie und nimmer hätte der aber zurück zur U-Bahn gefunden. Wieder ist ihm dann aber der Zufall zu Hilfe gekommen.

Nachdem ein jeder eine halbe Ente verspeist hatte, welcher auf des Onkels Hinweis, man wäre Österreicher, ein Semmel- anstatt des üblichen Kartoffelknödels beigelegt worden war, haben die vier das Hippodrom verlassen, um die Heimreise anzutreten. Nach kurzem Umherschauen hat der Onkel Franz dann das Hinweisschild gefunden, das er gesucht hat. „Zum Taxistand", war da zu lesen. Und in die Richtung hat er die anderen geführt und verkündet, dass er von Anfang an beschlossen hatte, beim Heimfahren auf das Gedränge in der U-Bahn zu verzichten.

Gut heimgekommen sind sie mit der Deutschen Bahn und haben dann, ein paar Tage später beim nächsten Stammtisch, ausgiebig berichtet von ihren Heldentaten im fernen München. Ein jeder hat seine Rolle bei der Unternehmung ein bisserl geschönt, nur der Onkel Franz ist bei der Wahrheit geblieben. „Guat, dass i dabei gwesen bin zum Aufpassen", hat er zur Resi, der Kellnerin gesagt, „weil alloane kann ma de Burschen jo ned furt lassen!"

***

Zurück von der „Wiesn", nehmen wir unsere Reise durchs Jahr wieder auf. Wir befinden uns ja – wie schon bemerkt – bereits im letzten Drittel desselben. Wir entfernen uns nun vom Stammtisch und wenden uns Mutter Kirche zu. Denn die hat in eben diesem Drittel deutliche Marken gesetzt. Da wird zum Beispiel allerhand Heiliger und Märtyrer gedacht in den letzten Monaten vor dem Christfest. Und diesen christlichen Traditionen fühlt er sich durchaus verbunden, der Innviertler, da kann man ihm nichts anderes nachsagen. Pflichtgemäß absolvieren die Bewohner unseres schönen Landesteiles althergebrachte Riten. Böse Zungen behaupten, dass dabei in erster Linie die Aussicht auf geselliges Beisammensein Antrieb wäre. Aber machen Sie sich selbst ein Bild.

Alle heiligen Zeiten

Es ist nicht mehr zu leugnen, der Sommer wurde nun endgültig abgelöst vom goldenen Herbst. Das erkennt man unter anderem auch daran, dass das Kirchenjahr langsam intensiver wird, ein Feiertag den anderen jagt. Wir beginnen am 15. August mit Maria Himmelfahrt. Da geht der Innviertler traditionell zur Kräuterweihe. Bereits in heidnischer Zeit wurde ja den Kräutern schon allerlei wundersame Heilkraft zugesprochen. Erfahrungswerte abseits von jeglichem Aberglauben waren es in Wirklichkeit, aber es konnte ja nicht schaden, diese Heilkräfte irgendwelchen Naturgeistern zuzuschreiben. Und das hat man dann einfach christianisiert. Wie dem auch sei, wir gehen zur Kräuterweihe. Und danach ins Wirtshaus.
Am 29. September feiern wir Michaeli. Zu Ehren des heiligen Michael, dem Drachentöter, dem Erzengel mit dem Schwert. Vielerorts ist Kirchweih, innergebirgs auch Almabtrieb. In manchen Gegenden begeht man am Montag danach den „Liachtbratlmontag". Der Spruch „Da Michl zünt 's Liacht an" verweist auf die Tatsache, dass von Michaeli bis Lichtmess in den Handwerksstuben wieder unter künstlichem Licht gearbeitet werden musste und der Meister den

Seinen ein Bratl spendierte. Und in Bad Ischl etwa werden zu Michaeli traditionell runde Jubilare ab dem Fünfziger geehrt. Aber vor allem konnte, da es nun kühler wurde, wieder Bier gebraut werden. Dem zu Ehren gehen wir nach der Kirchweih ins Wirtshaus.

Am letzten Sonntag im September oder auch am ersten im Oktober folgt das Fest des Erntedanks. Mancherorts damit einhergehend auch der Tag der Tracht. Man holt also die Lederhose aus dem Schrank, bindet kunstvolle Erntekronen und geht in die Kirche. Dankt für die reiche Ernte, bittet weiterhin um Glück und Segen für das Kommende. Und danach gehen alle ins Wirtshaus.

Am 1. November sodann ist Allerheiligen: Während der Christenverfolgung im alten Rom entstanden unzählige Märtyrer, sodass es unmöglich wurde, jedem davon einen eigenen Tag zu widmen. Daher wurde ein Tag für alle Heiligen festgelegt. Allerheiligen eben. Und weil nicht alle von uns Gegangenen Heilige waren, wurde der Tag danach allen Seelen gewidmet. Da Allerseelen aber kein gesetzlicher Feiertag ist, besuchen wir unsere unheiligen Verstorbenen bereits zu Allerheiligen. Und begeben uns anschließend – Tradition verpflichtet – in ein Wirtshaus.

Am 11. November schließlich ist Martini. Der heilige Martin von Tours wird geehrt. Je nach Gegend und Konfession begeht man diesen Tag mit Martinisingen, Martiniritt, Martiniloben, aber vor allem mit dem Martinigansl. Immerhin beginnt danach das Adventsfasten, und so gilt es, sich noch einmal ordentlich den Bauch vollzuschlagen. Und weil der heilige Martin nicht nur als Schutzpatron der Armen gilt, sondern auch als jener der Trinker, gehen wir danach selbstverständlich ins Wirtshaus.

Falls nun der falsche Eindruck entstanden sein sollte, wir würden ständig im Wirtshaus sitzen, kann ich Sie beruhigen. Das ändert sich nun schlagartig mit dem 1. Dezember. Die Adventszeit beginnt, es wird besinnlich. Wir meiden die Wirtsstuben, sitzen nicht mehr ständig beisammen bei Bier und bei Wein. Man hält sich nun vielmehr häufiger an der frischen, kälter werdenden Luft auf. Denn allerorts schießen die Glühweinstände und Adventmärkte aus dem Boden. Noch lange vor dem 5. Dezember, dem Krampustag, suchen lärmende Horden aus den Gebirgsregionen Salzburgs das Innviertel heim. Perchten und Glöckler bevölkern die Innenstädte und Dorfplätze, ab und zu erblickt man am 6. Dezember noch den heiligen Nikolaus zwischen den grauslichen Gesellen. Davon und vom oft minderwertigen Glühwein hat der Innviertler dann aber meist schnell genug und er besinnt sich auf Althergebrachtes. Genau. Er kehrt dem wilden Treiben den Rücken und geht ins Wirtshaus. Aber eh nur alle heiligen Zeiten.

* * *

Die „stade Zeit" hat uns nun also fest im Griff. Doch ganz so still ist sie, wie gerade beschrieben, ja nicht. Tradition, wohin man schaut. Man entkommt ihnen kaum, den Riten und alteingesessenen Bräuchen. Zu Hause dekoriert man dem Anlass entsprechend, am Arbeitsplatz, in der Schule, auf dem Markt, überall finden sich Zeichen der Zeit. In Form von Adventskränzen und -kalendern, Lichterketten und Girlanden. Es duftet nach Zimt und Bratäpfeln, und selbst bei den Kleinsten, im Kindergarten macht sich feierliche, ja beinahe ehrfürchtige Stimmung breit. Denn heute kommt der Nikolaus.

Nikolo korrekt

6. Dezember, Kindergarten Haubenbrunn. Die Vierjährigen sind unruhig. Zwar haben sie mit der Tante – halt, pardon, Tante sagt man ja nicht mehr – mit ihrer diplomierten Kleinkinderpädagogin gerade die kinesiologische Übung „die Eule" absolviert, dennoch will keine innere Ruhe einkehren. Dreimal hintereinander haben die Kleinen im Kreis sitzend nach Eulenart den Kopf gedreht und „Schuhuhu, Schuhuhu, Schuhuhu" gerufen. Das soll unter anderem die Konzentrations- und Hörfähigkeit verbessern. Klappt sonst ganz gut, nur heute nicht.
Die Buben und Mädel der Zwergerl-Gruppe römisch eins sind nervös. Der schon fast fünfjährige Klenkenbichler Schorschi hat Anfang der Woche das Gerücht in Umlauf gebracht, dass heute der heilige Nikolaus in den Kindergarten kommen würde. Inklusive Geschenke. „Des hot ma da Papa dazöht, und da Papa woaß ois!" Vater Klenkenbichler betreibt eine Rindermast am Ortsrand und steht tatsächlich in dem Ruf, über alles, was in Haubenbrunn vor sich geht, bestens informiert zu sein.
„Den Nikolaus gibt's gar ned", stellt die kleine Dakota Cayenne daraufhin fest, „des is bloß da Onkel Herbert.

Verkleidet. Oba i kenn' seine Schua." – „Der heilige Nikolaus", wendet sich nun die Pädagogin an die Kleinen, „ist eine historische Figur aus Kleinasien. Und das Nikolausfest begehen die Christen an seinem Todestag, dem 6. Dezember. Verstehts ihr das, Kinder?"
Der sonst so stabile, gut im Futter stehende Schorschi fängt an zu weinen. „Wos? Da Nikolaus is tot?", schluchzt er. „Des sog i am Papa!" – „Hihi, da Schörsch tüt weinen wie a Mädi", spottet da der kleine Kemal Yülmaz. „Kemal", tadelt ihn die Aufsichtsperson, „wir lachen uns nicht aus, gell?" – „Tschuldigst du, Tante", gibt der so Ermahnte zurück, „aber weißt schon, der war auch Türke, der tote Nikolaus!" Das bringt den Klenkenbichler Schorschi noch mehr aus der Fassung. „Wäääh", heult er, „da Nikolaus is ka Türke, der is Östareicha! Der is rot-weiß-rot!" – „Mei Onkel Herbert war früher Deutscher", erklärt die Dakota Cayenne mit ernster Miene, „aber dann hata de Tante Jacqueline gheirat. Jetzt is a oana von uns, sagt die Mama."
Es klopft. Alle wenden ihre Köpfe zum Eingang. Drei weitere Male pocht es rhythmisch an die Tür. „Ja, wer wird denn das sein? Kriegen wir heute Besuch? Sollen wir da amal nachschaun, Kinder?" – „Des is sicher da Nikolo", freut sich der Schorschi und wischt sich die Tränen weg. „Oder da Onkel Herbert", meint die Dakota Cayenne. Die Kleinkinderpädagogin legt theatralisch den Zeigefinger an den Mund und schreitet zur Tür. Öffnet sie. Und da steht er nun, der heilige Mann, der Bischof aus Myra. Ein bisserl komisch sieht er allerdings aus. Keine eins-siebzig groß, bartlos und ob seiner schmächtigen Figur kaum in der Lage, den riesigen Sack in seiner linken Hand hinter sich herzuziehen. Die Bischofsmütze aus Pappendeckel ist ihm etwas zu schwer und drückt auf die ohnehin schon abstehenden Ohren.

Was die Kinder in dem Moment noch nicht wissen, sei der geneigten Leserschaft an dieser Stelle kurz erklärt. Nach neuesten Richtlinien betreffs pädagogischer Unterweisung von Vorschulkindern gilt Folgendes: Aufgrund multireligiöser Zusammensetzung der zu Unterweisenden ist von Unterrichtsinhalten rein christlicher Tradition abzusehen. Davon ausgenommen sind allerdings Inhalte, die dem Überbau des Brauchtums zuzurechnen sind. Es ist jedoch dabei sorgsam darauf zu achten, jede Form von angstmachenden Stressfaktoren zu vermeiden. Somit ist der Besuch des heiligen Nikolaus also Kleinkinder-pädagogisch zu vertreten, sofern nicht hausfremde Personen diese Rolle übernehmen. Im Sinne der Angstvermeidung ist zudem auf diese Person unkenntlich machende Requisiten (wie zum Beispiel einen Bart) zu verzichten. Es wird sogar angeraten, sich erst vor den Kindern zu verkleiden.
Auf Letzteres wurde im Kindergarten Haubenbrunn vergessen, ansonsten entspricht der Auftritt den vorgegebenen Richtlinien. Die Außerhofer Susi, seit drei Wochen Praktikantin im Hort, gibt den Bischof, wie gefordert ohne Bart. Und als sie nun beginnt, ihren Spruch aufzusagen, macht sie das auch nicht mit künstlich verstellter, tiefer Stimme, sondern spricht lieb und nett wie sonst auch. Doch sie kommt nicht weit in ihrem Text. Denn schon nach den einleitenden Worten: „Hallo liebe Kinder. Ich bin der heilige Nikolaus und komme, um …", unterbricht sie der Klenkenbichler Schorschi. Der hat mittlerweile seine angeborene, rustikale Art wiedergefunden und kräht: „Wos? Du bist da Nikolaus? Wo is'n dei Bart, ha?"
Die Pädagogin greift erklärend ein: „Weißt, Georg, der Nikolaus muss keinen Bart nicht haben. Der kann sogar eine Frau sein, gell? Dann sagma vielleicht Nikola. Ha, was

meints, Kinder?" Die Dakota Cayenne ist da anderer Meinung. „Da Onkel Herbert hat immer an Bart. Also beim Nikolaus. Sonst ned. Oba da Nikolaus braucht scho an Bart." Jetzt tritt der kleine Kemal vor und schaut sich den Besuch aus der Nähe an. Richtet ein paar Worte in seiner Muttersprache an die verkleidete Susi. Die zuckt nur mit den Schultern. „Is ka Türke", erklärt er. Daraufhin hebt er ungeniert den Saum des Nikolaus-Gewandes hoch. „Aber Frau is a ned. Schau Tante, hat Hosen an."
Während dieser Grundsatzdiskussion nähert sich der Schorschi unbemerkt dem Sack, den die Praktikantin inzwischen abgestellt hat. Öffnet ihn und kramt darin herum. Allerhand Obst, Nüsse und Müsliriegel fördert er zutage, aber anscheinend sucht er etwas anderes. „Wo is'n mei Laser-Schwert? Da Papa hot gsogt, i kriag a Laser-Schwert vom Nikolo!" Er fasst den Sack am unteren Ende und leert ihn ganz aus. Die Situation eskaliert. Sämtliche Kinder der Zwergerl-Gruppe römisch eins stürzen sich auf die verstreuten Gaben, es hat ein bisserl was von Anarchie. Die Dakota Cayenne sucht das ihr versprochene rosa Handy, und der Kemal, der sich inzwischen seine Jausen-Tascherl geholt hat, macht reiche Beute. Georg Klenkenbichler junior, genannt Schorschi, hat sich des Bischofsstabes bemächtigt und spielt damit Jedi-Ritter.
Die diplomierte Fachkraft sowie ihre Praktikantin haben nun vollends die Kontrolle über die plündernde Horde verloren. Sämtliche Richtlinien der modernen Kleinkinderpädagogik scheinen versagt zu haben. Wie es aussieht, braucht Haubenbrunn drastischere Methoden. Nächstes Jahr, beschließen sie gerade insgeheim, nächstes Jahr kommt wieder der Krampus!

Wir verlassen unsere lieben Kleinen und wenden uns wieder der Erwachsenenwelt zu. Wenngleich auch in dieser oft der Eindruck entstehen kann, man befände sich noch immer im Kindergarten. Nicht bei allen geht fortschreitendes Alter automatisch einher mit gesteigerter Weisheit. Nicht immer wird aus dem Brunnen anwachsender Erfahrungen auch geschöpft. Lebenslanges Lernen, dem wir ja alle ausgesetzt sind, muss nicht zwangsläufig mit einem positiven Abschluss belohnt werden. So manche fallen bei der Diplomarbeit durch. Aber das ist schon gut so. Zumindest für den Berufsstand des Satirikers.

Denn gerade seine Unvollkommenheit macht ihn ja aus, den Menschen. Stellen Sie sich vor, liebe Leserinnen und Leser, wir alle würden nahezu fehlerfrei, unter Umgehung sämtlicher Fettnäpfchen und Fußangeln, die das Leben so bereithält, durch das selbige gehen. In annähernder Perfektion und ohne Reibung, untadelig in allen Belangen, frei von Zweifeln über uns selbst und andere. Eine schreckliche Vorstellung, nicht? Auch für die Literatur. Homer, Boccaccio, Dante, Shakespeare, alle arbeitslos. Und auch dieses Buch wäre keine drei Seiten stark. Aber ich schweife schon wieder ab. Wenden wir uns erneut dem Kalender zu.

Jetzt ist es also amtlich. Das Jahr neigt sich seinem Ende zu. Weihnachten steht vor der Tür. Und es ist eine besondere Zeit, in die wir nun eintauchen. Freude glänzt in Kinderaugen, und auch wir Erwachsene schütteln die Hektik des Alltags von uns ab, um uns besinnlich auf diese hohe Zeit einzustimmen. Ruhe kehrt ein und das Tempo des Lebens verringert sich zu einem wohligen, angenehmen Rhythmus der Entschleunigung und inneren Einkehr. Es sei denn, man hat noch keine Geschenke.

Schenga dan ma uns nix

Sie: Du, was scheng ma uns denn heuer?
Er: A so a blede Frag'.
Sie: Wieso?
Er: No jo, soit jo a Überraschung sei, oda?
Sie: Scho, oba ausgmocht ghört's a. Oiso, wos scheng ma uns?
Er.: Woaß ned. Vielleicht amoi nix?
Sie: Goar nix? Is a bled. Ned amoi a Göd?
Er: Göd schenga is ja streng gnumma a goar nix.
Sie: Wiaso jetzt des?
Er: No jo, wei wonn i dir, sogn ma amoi an Fufzga gib und du mir a oan, dann samma pari, oiso quitt. Somit auf null. Und null, des is nix, oder?
Sie: Jo eh. Oba mia hättn uns zumindest wos gschengt.
Er: So do hätt' ma vielleicht. Oba gschengt hätt' ma uns nix.
Sie: Dann vielleicht Gutscheine, ha?
Er: Des gangat. Wei an Gutschein darat ma einlösen, es wurad wos kauft, somit warad a ein Geschenk physisch anwesend, sozusagen stofflich nachweisbar. Wissenschaftlich gsegn.

Sie: Wissenschaftlich, aha. Klingt oba a ned romantischer ois Göd schenga oder goar nix.
Er: Dann hoit was Eventmäßiges. Foischiamschpringa zum Beispui, Wuidwossafoarn oda a romantischs Picknick, sowas hoit. Des geht übers Internet, des druckst da aus und legst as untern Christbam.
Sie: Eventmäßig, aha. Und wann i des dann ned mog? Konn ma des dann umtauschn?
Er: Umtauschn konn ma hübsch ois. Des sicher a.
Sie: Dann war vielleicht nix schenga do gscheida, ha. Do brauchat ma dann a nix umtauschn.
Er: Passt. Dann oiso heuer nix. Ausgmocht?
Sie: Okay, ausgmocht. Außa mir rennt wos eini. Woaßt, sowas, wo i ma denk, des passat zu dir.
Er: No super. Und i steh dann bled do, wann i dann nix hob fia di.
Sie: Dann schaust hoit a, obst was siagst, wos zu mir passt. Zur Sicherheit. Kennst mi eh, woaßt eh, wos i mog.
Er: Guat, so moch mas, einvastondn. Oba es bleibt dabei, goi: Schenga dan mir uns nix!

* * *

Womöglich konnte ich der geneigten Leserschaft mit diesem kleinen Dialog zweier Eheleute dienlich sein. Letztlich betrifft sie ja uns alle, die Problematik des Schenkens. In ein Geschäft gehen, das Präsent erwerben, es anschließend verpacken und verstecken bis zum Heiligen Abend, das kriegen wir meist ohne Schwierigkeiten hin. Doch vor diesen manuellen Tätigkeiten steht harte, geistige Arbeit. Nämlich die, auch nur ansatzweise eine Idee davon zu bekommen, was, zum Kuckuck, wir schenken sollen!

Die fünfzigste Krawatte, das hundertste Parfüm oder vielleicht etwas Selbstgestricktes? Gutscheine für gemeinsames Essen, Reisen, Kinogehen oder doch lieber lustig verpackte Geldscheine? Fragen Sie nicht mich, ich habe keine Ahnung.
So geht es anscheinend vielen. Eine von mir durchgeführte Umfrage im Freundes- und Bekanntenkreis hat ergeben, dass viele das Schenken weitgehend eingestellt haben. Da fielen Sätze wie „Man hat ja schon alles" oder „Nur noch für d'Kinder" sowie „Was ma braucht, kauft ma eh unterm Jahr" und „Das Wichtigste ist, dass d'Familie z'sammkommt!".
Der Onkel Franz und seine Frau, die Tante, begehen das Weihnachtsfest fernab dieser Problematik und ohne jeden unnötigen Aktionismus. Sie meiden Verwandtschaftsbesuch und sind froh, auch keinen empfangen zu müssen. Machen es sich gemütlich daheim und sperren das hektische Treiben rundum einfach aus. Wenn's geht. Geht aber nicht immer, wie die nächste Geschichte belegt.

Sauber spät dran

24. Dezember nachmittags, 15.30 Uhr, sprich halb vier. Ungefähr zehn Grad plus. Keine Spur von Schnee, trocken ist es auch. Ein sehr mildes Weihnachten. Der Onkel Franz hat seinen Hehnerstauber aus dem Schuppen geholt, Gott sei Dank ist der gleich angesprungen. Damit fährt er jetzt von einem Supermarktparkplatz zum nächsten. Der Onkel ist auf der Suche nach einem Christbaum. Falls er einen findet – er ist schon, kann man sagen, sauber spät dran –, wird er ihn mit dem Puch-Moped Modell MV 50 Einsitzer nicht nach Hause bringen können, das ist ihm klar. Über dieses Detail wird er sich im Erfolgsfall dann später Gedanken machen, momentan geht's erst einmal ums Finden. Jetzt warum? Also warum ist der Onkel Franz dermaßen spät dran mit der Christbaum-Besorgerei? Ganz einfach deshalb, weil man bei ihm daheim eigentlich schon lange keinen mehr hat. Die Tante und er waren vor vielen Jahren darüber übereingekommen, dass – weil keine Kinder im Haus und so – man eigentlich das Auslangen finden würde mit einem Adventskranz. Da aber dann schon ein schöner. Um nicht zu sagen, ein prächtiger. Jetzt auch nicht mehr als vier Kerzen, eh klar, aber prächtig.

Aber dann hat der Jacques angerufen. Der Scharinger Jacques. Dass er kommen würde, am 24., also heute, sozusagen demnächst. Mit der Marie, seiner Frau. Man wäre auf der Heimreise vom Weihnachtseinkauf in Tarvis und schon sauber spät dran. Also fürs Ganz-Heimfahren. Ob man da nicht über d'Nacht bei Onkel und Tante …? Aber nur, wenn's keine Umstände macht, gell? Weil, schön wär's schon, dann könnte man doch auch das Weihnachtsfest gemeinsam … Wenn man nicht stören würd'.
Eine Freude hat er nicht gehabt mit dieser Nachricht, der Onkel Franz, die Tante in Wirklichkeit auch nicht. „Aber", hat sie gemeint, „wann a scho amoi kummt, der Jakob mit seiner Mitzi, dann kann ma ned so sei, bist schließlich da Patenonkel." Und, nach einem kurzen Moment der Erkenntnis: „Jessasmarandjosef, dann muaß oba nu a Bam her!"
Neben dem Eingang zum Interspar, dort wo des Onkels Erinnerung nach immer jedes Jahr einer gewesen ist mit seine Bäum', ist heuer keine Spur von einem Standl. Dafür trifft der Onkel Franz hier den Albert, seinen Spezi. Der kommt gerade aus dem Supermarkt heraus, mit einem gefrorenen Truthahn auf dem Arm. Fragender Blick des Onkels, Antwort vom Albert: „Da Gansl-Bauer hot uns heuer vergessen. Dann do amoi amerikanisch, hot de Meine gmoant. Grad, dass i nu den letzten dawischt hob, bin jo do scho sauba spät dran. Und du?"
„Baum."
„Aha. Und?"
„Nu nix dawei."
„Auweh!"
„Sog amoi, Franzl, beim Egger-Wirt is do a oiwei oana mit so Nordmann-Tannen gstandn. Wos is, wann ma durt gschwind eikehrn aufa Hoibe, ha? Der Truthahn do muaß

sowieso erscht auftaun, do hot mei Frau dawei eh nix davo, wonnin jetzt scho hoambring'. Do kauf' ma uns jetzt an Weihnachts-Bock und fia di findt ma vielleicht an Bam. Is des wos?"

Die Idee vom Albert ist nach kurzer Prüfung für eine gute befunden und in die Tat umgesetzt worden. Beim Egger-Wirt sitzen sie jetzt also, die beiden Freunde, und haben auch schon ihre erste Halbe Bier von der Resi, der Kellnerin, bekommen. Die ist heute ein bisserl grantiger als sonst, weil Weihnachten ist. Beim Egger ist heute offen, weil der Wirt, wie er sagt, „dös Christkindl-Theater nu nia meng hot" und deshalb lieber arbeitet, als daheim der Frau beim Baum-Aufputzen zu assistieren. Um sieben Uhr würde er eh schließen, das wäre dann bald genug, um nach Hause zu kommen. Das alles erzählt er eben dem Onkel und dem Albert, er hat sich nämlich mit einem Schnapserl dazugesetzt zu den beiden.

Der Albert bohrt gerade prüfend mit seinem Zeigefinger in den in Plastik eingeschweißten Truthahn, den er neben sich auf die Wirtshausbank gesetzt hat. „Braucht nu a bisserl", sagt er dann, und „Resi, oa Hoibe geht nu!" – „Aha", sagt der Wirt, „Truthahn bei eich. Bei uns Karpfen. Scho wieder. Obwoi na i ned mog, a Schnitzl war ma liaba. Oba de Meine moant, a Schnitzl warad ned weihnachtlich, Karpfen scho." Und mit Seitenblick zum Onkel Franz: „Und wos gibt's bei eich?" – „Schweinsbrotwiaschtln", antwortet der, „oba vom Koib. De warad'n festlicher ois de schweinern, moant sie. Mit Sauerkraut."

„Jössasna", ruft da der Albert aus. „Sauerkraut! Guat, dast mi erinnerst." – „Sauerkraut zum Truthahn?", wundert sich der Onkel. „No jo, wer's mog." – „Na, do ned wegam Kraut." Der Albert erklärt seine Assoziationskette. „Dös

Sauerkraut hot mi nur dran erinnert, dass ma de Meinige nu wos ogschafft hot. A Lametta brauchma nu, am Dochboden wor koans mehr. Und überoi is' scho ausverkauft, sie hot koans mehr kriagt." – „Aha. Und do lackierst jetz a Sauerkraut suiban und hängst as in Bam, oda wos?" Der Onkel Franz schüttelt den Kopf, bestellt sich noch ein Bier. „Blödsinn", antwortet der Albert, „vui oafocha." Und er deutet auf die Papiertragetasche, die er neben dem Truthahn auf der Bank stehen hat.

„Du woaßt do, dass i beim Wirt oiwei koa gonze Portion weidabring beim Essen. Und wei ma nix vakumma lossn soi, loss i ma den Rest oiwei eipocka zum Mithoamnehma. In Alufolie. Und oft trog' i ma vom Metzga an woama Lebakas hoam, der wird a in sowos eidraht. Und wei i nix wegschmeiß', wos ma vielleicht nuamoi braucha ko, stroaff is dahoam aus, de Suibapapierl, und heb's auf." Und er deutet wieder auf die Tasche. „Do drin hob i leicht hundert so Blattln, do is wos zomkemma übers Joahr. Und mei Bua, des wissts eh, der is Schuiwart drübn a da Hauptschui. Der hot ma seine Schlissln gebm. Wei im Bastlraum, do steht a Schlogscher. Resi, nu a Schnapsal und zoin, wei dann geh i Lametta mocha. Bin eh scho sauba spät dran."

Wie der Albert dann weg war, stoßen der Onkel Franz und der Wirt noch einmal an. „Prost. Auf Weihnachten." Recht begeistert klingt der Onkel dabei nicht, und er sagt auch warum: „Woaßt, i mog na jo eh, den Jakob, mein' Neffen. Oba i kenn na jo. Der werd heuer wieder sei italienische Weihnachts-Gschicht dazoin, wia jeds Joahr. Da Jakob und de Seine, des san rechte Italien-Liebhaber, woaßt. Und do hot er so seine eigenen Theorien über de Soch. Ein Italiener wär' er streng gnommen gwesn, da Heiland. Weil's damals römisch war, des Palästina, ned. Drum hätt' er a so eine italienische Lebensart ghobt. Von wegen Brot und Wein und Fisch und so. Und Olivenbam." Letzteres Wort gemahnt den Onkel Franz wieder an den eigentlichen Zweck seiner Mission, den Christbaum. „Resi, zoin. I muaß weida! Und pack ma do nu drei Poar Schweinsbratwiaschtln ei, zun Mitnehma. Oba vom Schwein, goi? Und am besten in Alufolie, wei donn kon i dahoam a nu a weng a Lametta herschneidn!"

Während der Onkel Franz die Würschtln in seine Tasche packt, läutet dem Egger-Wirt sein Telefon. Der Albert ist dran, ob er seinen Truthahn im Gasthaus vergessen hätte. Hat er. Der Onkel ist zwar schon sauber spät dran, sagt aber, dass er dem Albert den Vogel vorbeibringt. Er nimmt das nun fast aufgetaute Tier mit und fixiert es hochkant – also quasi sitzend – auf dem Packlträger seines Hehnerstaubers. Durch den grün-gelb gestreiften Expander schaut's jetzt aus, als hätt' das Viech Hosenträger an.

Beim Albert angekommen, wird der seltsame Sozius wieder abgeschnallt und übergeben. Der Onkel wird noch ins Haus gebeten, auf einen Punsch. Und zwecks Bewunderung des Christbaums. Der ist riesig und prächtig geschmückt mit roten Kugeln, Kerzen und eben dem selbst gemachten Lametta. Dem Albert seine Frau hat auch schon ein paar der Kerzen angezündet, weil dann riecht's gleich weihnachtlich, wie sie meint. Tut es auch, aber auch ein wenig ein Leberkäs'-Duft mischt sich mit hinein ins Weihnachtliche. Den hat wohl die Alufolie vom Metzger noch gespeichert gehabt und gibt ihn jetzt durch die Kerzenwärme wieder frei. Etwas eigen, der Geruch, aber nicht unangenehm. Man bekommt direkt Hunger.

Des Onkels Blick wandert auf der Suche nach einem Christbaumspitz ganz nach oben, aber da ist keiner. Der

Albert hat nämlich – wie er auf Nachfragen angibt – erst beim Aufstellen bemerkt, dass der Baum höher ist als sein Wohnzimmer. Und weil es eh schwer genug war, den Stamm unten in den Christbaumständer einzuspreizen, hat er ihn eben oben aufs passende Maß gekürzt. „Hast den nu, den Bam-Wipfl?", fragt der Onkel seinen Spezi jetzt, und ja, Gott sei Dank liegt der noch hinten in der Werkstatt.

So ist der Onkel Franz nun also doch noch zu einem Christbaum gekommen an diesem Heiligen Abend, zu schweinernen Kalbsbratwürstln und auch zu ein bisserl einem Lametta. Und der Tante hat's gar nicht so schlecht gefallen, das Bamerl. Ach ja, und der Jakob und seine Mitzi sind dann doch erst am 25. angereist. Sauber spät dran eben.

* * *

Und dann ist es auch schon wieder vorbei, das Weihnachtsfest. Der Christbaum sowie auch andere Dekoration begleiten uns zwar noch traditionell bis zum Heilig-Drei-Königstag, dennoch verfliegt die Stimmung der Feiertage recht schnell. Wir entsorgen noch allerhand Verpackungsmaterial, machen einen großen Bogen um die Personenwaage im Bad und geloben, von nun an wieder leichtere Kost zu uns zu nehmen. Zumindest einige Tage lang, dann ist ja eh schon Silvester.

Somit befinden wir uns bereits erneut in einer Planungsphase, im Zuge derer sich wieder allerhand Fragen aufdrängen. Wo wird gefeiert? Auswärts oder zu Hause? Bei uns oder bei Freunden? Und was gibt's zu essen? Es sei denn, wir verreisen. Aber wohin? Traditionell zum Schifahren oder gar in südliche Gefilde? Einfach in den Flieger steigen, Neujahr unter Palmen! Warum nicht.

Wie dem auch sei, das Jahr neigt sich unerbittlich seinem Ende zu. So wie dieses Buch. Leicht zu erkennen an der Thematik dieser verbleibenden Seiten und deren nur mehr geringen Anzahl. Und diese letzten Seiten beschäftigen sich nun folgerichtig auch mit dem letzten Tag des Jahres, dem 31. Dezember.

* * *

Im Nachfolgenden treffen wir einen alten Bekannten wieder. Die Rede ist von Robert. Schon im ersten Onkel-Franz-Band, der „Typologie des Innviertlers", hatte ich ihm eine Geschichte mit dem Titel „Edelweißkränzchen" gewidmet. Stammleser werden sich erinnern. Robert, nun etwa Anfang fünfzig, ist nach wie vor Landwirt, passionierter Tänzer und Liebhaber einheimischer Trachtenkleidung. Und nach wie vor Single.

Wir wollen diesen – wenn auch genau genommen unzutreffenden – Anglizismus verwenden, er hat sich bereits stark in unserem Sprachraum verankert. Unzutreffend deshalb, weil damit landläufig alleinstehende Personen bezeichnet werden, die namensgebende Single-Schallplatte jedoch über eine Rückseite verfügt, auf die ein zweites Musikstück gepresst ist. Und damit untrennbar mit der A-Seite verbunden. Verewigt sozusagen. Somit taugt der Begriff „Single" eigentlich weit mehr als Synonym für Zweisamkeit. Aber ich schweife ab.

Zurück zu unserem Robert. Ein leidlich fescher Kerl in den besten Jahren, gesund, einigermaßen gut situiert und von freundlichem Wesen ist er. Dennoch ohne

Lebenspartnerin. Wie das, werden Sie jetzt fragen, was stimmt mit dem Kerl nicht? Nun, ich kann Sie beruhigen, mit dem Robert ist alles in Ordnung. Weder ist er übermäßig schüchtern noch ein Stubenhocker. Gelegenheiten gab es bereits viele, es war halt noch nicht die Richtige dabei. Müssen wir ihn deshalb bedauern? Muss sich Robert, gerade jetzt zum Jahreswechsel, nicht sehr einsam fühlen? Ich denke nicht.
Ein großer Freund von Silvester-Feiern war er ohnehin noch nie, der Robert. Und dennoch hatte sich am 31. Dezember ein festes Ritual bei ihm etabliert. Nach einem ausgiebigen Spaziergang rund ums Dorf, durch den angrenzenden Wald und wieder zurück kehrt er an diesem letzten Tag des Jahres anschließend immer beim Wirtn ein. So gegen halb acht Uhr Abend. Setzt sich an den Stammtisch, der bereits von den üblichen Verdächtigen bevölkert ist, und kauft sich ein Bier. Dazu einen Schweinsbraten oder ein Schnitzel, je nach Gusto und Verfügbarkeit. Daraufhin widmet er sich der Speise in aller Ruhe und Langsamkeit, wirft ab und zu etwas ins Gespräch ein. Wenn das Mahl dann beendet, die zweite halbe Bier ausgetrunken ist, begleicht er seine Rechnung – an diesem Tag fällt das Trinkgeld traditionell etwas höher aus als sonst –, wünscht Kellnerin, Wirt und Stammgästen einen Guten Rutsch und verabschiedet sich.
„Geh, bleib halt nu a weng", versuchen die ihn dann immer aufzuhalten, „wirst do nu ned schon hoamgeh, heut' an Silvester!" Aber der Robert lehnt freundlich ab und verlässt die Gaststätte, geht nach Hause. Dort macht er es sich gemütlich, schaut ein bisserl fern. „Dinner for one" läuft auf diversen Sendern zu verschiedenen Zeiten, einmal schaut er sich den Klassiker an, muss jedes Jahr wieder

herzlich lachen darüber. Und wenn er nicht einschläft vor Mitternacht, der Robert, so kann es sein, dass er zum Jahreswechsel noch einen Teller von der für den Neujahrstag vorbereiteten Gulaschsuppe zu sich nimmt. Und noch ein Seiterl Bier.

Ein lieb gewonnenes Ritual, den Jahreswechsel derart zu begehen, dem Robert seinem Wohlbefinden und seiner Lebenszufriedenheit sehr zuträglich. Da verwundert es nicht, dass er keine rechte Freude mit dieser Einladung hatte. Jene Einladung, die ihm die Gabi, die Frau vom Hans, heuer nach der Christmette mündlich überreicht hatte. Mit dem Hans ist der Robert schon zur Schule gegangen, man ist befreundet. Und die Gabi ist nun anscheinend dieses Jahr spontan zu der Erkenntnis gelangt, dass der Freund ihres Mannes doch einsam sein müsse, so ganz ohne Partnerin. Da sei es geboten zu helfen. „Kommst zu uns heuer, gell? Um sieben geht's los, mitbringa brauchst nix. Wir freun uns!" Nein sagen hat er schlecht können, der Robert, und so nahm also das Verhängnis seinen Lauf.

Die Einladung

Am 31. Dezember um 18.50 Uhr, also höfliche zehn Minuten zu früh, läutet nun der Robert an der Haustüre der Gastgeber. Hat sich zu ordentlichen Jeans-Hosen einen seiner Lieblings-Trachtenjanker angezogen, dunkelgrau mit grünen Aufschlägen und alten Münzen nachempfundenen Knöpfen. Dazu die rehbraunen Schnürschuhe mit dem hübschen Lochmuster. Das Gastgeschenk, das er der Gabi gerade überreicht, hat er am Vormittag noch besorgt. Eine gute Flasche Sekt hatte er im Sinn gehabt, vor dem Regal stehend dann aber doch zum Champagner gegriffen. Der Robert weiß, was sich gehört.
Die schönen Schuhe muss er leider ausziehen, eiserne Hausregel. Die Filzpatschen, die er stattdessen nun an den Füßen hat, sind brombeerfarben mit giftgrünen Nähten. Nicht, dass er besonders eitel wäre, der Robert, aber dieser erste Stilbruch des Abends mindert bereits ein klein wenig sein Wohlbefinden. Er lässt sich nichts anmerken, begrüßt auch den Hans und bekommt einen Platz zugewiesen. Mit dem Aperitif wolle man noch kurz warten, bis die anderen da sind, wenn's recht ist. „Passt", sagt der Robert, da läutet es auch schon wieder an der Türe. „So, jetzt samma

komplett", sagt die Gabi, als sie die vier Neuankömmlinge in den Wohnraum führt. Zwei Frauen und ein Mann, alle drei ungefähr in Roberts Alter, und ein etwa siebenjähriges Mädchen werden ihm nun vorgestellt. Das Ehepaar Frauscher, es wohnt schräg gegenüber, ist ihm flüchtig bekannt. Man gibt sich artig die Hände. Die andere Frau heißt Ursula, „kannst Uschi sagen", meint sie, er sieht sie zum ersten Mal. Das Mädchen ist ihre Tochter und darf gleich nach oben gehen zu den zwei Kindern der Gastgeber. Zum Spielen, bis es Essen gibt.
„Die Uschi is heuer auch 's erste Mal allein an Silvester, da hamma dacht, des passt." Auweh, denkt der Robert, ihm schwant nichts Gutes. Auch die Sitzordnung lässt einen leisen Verdacht in gleicher Richtung aufkeimen. Die Gabi und der Hans jeweils an den Kopfenden, die Frauschers auf der einen Längsseite des Tisches. Und er gegenüber, neben ihm diese Ursula. Na ja, vielleicht Zufall.
Jetzt gibt's Aperitif. Weingläser mit heller Flüssigkeit und Limetten und Minzblättern drin nebst Strohhalm werden serviert. Auch vor den Robert wird so ein Modegetränk hingestellt. „Was is'n des?", will er wissen und bekommt Auskunft. „Hugo hoaßt der", sagt die Gabi. „Prosecco Spritz mit Holunder, voi guat. Schmeckt da sicher!" – „Auweh", schwindelt der Robert, „auf Holler bin i allergisch." – „Kein Problem", weiß die Dame des Hauses Abhilfe, „i moch da schnoi oan ohne." Das ging nach hinten los. „Bloß koane Umständ'. A kloans Bier tuat's a." Das ist das Stichwort für den Hans. „Des moch i. Hob extra für heut' eine Craft-Beer-Collection besorgt. Zwickl gibt's, Stout, Pale Ale, Porter, Mango-Flavour und Lager. Was magst?" – „A Bier. Wann's geht." – „Okay, dann Lager, des is a Helles." Ein bisserl enttäuscht klingt der Hans dabei schon, aber der Robert bekommt ein

normales Seiterl, wenn auch in einer Art Cognac-Schwenker. Man stößt an. Auf einen schönen Abend.

Jetzt gibt's Essen. Die Kinder werden gerufen, haben ihren eigenen, kleinen Tisch. Nudeln kriegen sie, mit Bolognese-Sauce und Pizza. Schaut nicht schlecht aus. Als der Hans einen großen Topf mit Elektrokabel auf den Tisch der Erwachsenen stellt und dessen Funktion erklärt, überlegt der Robert gerade, sich vielleicht zu den Kindern zu setzen. Die Gabi und die Ursula haben soeben noch in der offenen Küche gewerkelt, getuschelt und gekichert und bringen jetzt Teller und Platten mit rohen Fleischstücken herüber. Lange Gabeln mit verschiedenfarbigen Griffen werden ausgeteilt, Robert bekommt drei blaue. „Filet vom Kobe-Rind, Lungenbraten vom Bio-Wollschwein und Edelpute gibt's. Soibstvaständlich Boden-Freiland", erklärt die Hausfrau, und ihr Mann referiert weiter über die technische Seite des Festmahls. „Früher hamma immer mit Spiritus. Stinkt aber und is gefährlich. Elektro is super. Und drin is ein Bio-Rapsöl. Mit Suppe, des is nix, sogt die Gabi, und Käs' pickt da glei amoi an Magen z'amm. Aber mit'm Öl, da samma totale Fondue-Fans, goi Schatzi?" – „Jo", antwortet die, „weil da kannst schön lang so dahinessen, total gemütlich."

Der Robert kocht auch gerne. Und kann es auch. Aber Fondue mag er nicht. Schon gar nicht mit Öl. Im Prinzip, denkt er sich gerade, steht da eine Fritteuse auf dem Tisch, in die wir jetzt gleich sauteures, feinstes Fleisch hineinhängen. Und uns dabei mit unseren jeweils drei Gabeln um einen Platz raufen. Letztendlich gibt's dann bei dieser Tischkocherei meist drei Möglichkeiten, wie man sein Fleisch wieder auf den Teller bekommt: Entweder im Kern noch roh oder aber mehr als durch, sprich zäh wie

Leder. Oder gar nicht, weil verloren. Verloren, weil diese Urschl neben ihm schon wieder ihre Gabeln über die seine gekreuzt hat. Sie hat nämlich ständig alle gleichzeitig im Einsatz, weil sie für ihre Tochter auch immer ein Stückerl zum Probieren mitmacht, wie sie sagt. „Beverly", ruft sie dann, „Beverly, komm, so ein Kobe-Rind kriagst ned alle Tag'." Aber die Beverly will nicht kommen, die pappt sich grad Bolognese-Nudeln auf ihre Pizza.

Mittlerweile ist man zum Rotwein übergegangen. Biodynamischer Pinot Noir von einem kleinen Winzer aus der Bourgogne. Der Robert bleibt beim Bier. Will auch nicht die anderen Craft-Beer-Sorten durchprobieren. Und hat ein Halbliter-Krügerl beim Hans durchgesetzt, damit der nicht so oft rennen muss. Sein Fleisch bekommt er halbwegs gescheit hin und von den sieben Sorten selbst gemachter Dips nimmt er auch keine, lässt sich gerade noch zu einem Stückerl Kräuterbutter überreden. Dass ihm ein ganzes Steak oder ein normales Schnitzel lieber gewesen wäre – weil einen Hunger hat er schon gehabt –, lässt sich der Robert nicht anmerken, dazu ist er zu höflich. Und ebenso höflich führt er Konversation mit seiner Tischdame. Das heißt, sie führt. Er kommt ab und an dazu, ein „Aha" oder ein „Do schau her" einzuwerfen. Hauptsächlich redet die Urschl, wie er sie für sich insgeheim schon getauft hat. Wir wollen hier nicht näher auf die jüngere Biografie der Dame eingehen und sie auch nicht im Einzelnen wörtlich zitieren. Aber im Großen und Ganzen erfährt der Robert – ob er will oder nicht –, dass er hier ein Scheidungsopfer vor beziehungsweise neben sich hat, die Wunden sind noch ganz frisch. Gleichzeitig wird ihm aber auch mehr oder weniger dezent signalisiert, dass man seelisch bereits wieder offen für neue Erfahrungen wäre.

Der Robert entschuldigt sich und sucht die Toilette auf. Er muss zwar nicht, aber so kommt er zumindest kurzfristig aus der Belagerungszone. Denn so fühlt er sich, belagert. Und die Einschläge kommen immer näher. Er schaut in den Spiegel, dann auf seine Uhr. Was, erst neun? Er überlegt, ob es irgendwie zu argumentieren wäre, früher zu gehen, ohne die Gastgeber zu beleidigen. Aber nein, kommt er zu dem Schluss, unmöglich vor Mitternacht. Kann man nicht machen an Silvester. Er schaut wieder auf die Uhr. Noch immer neun. Drei Stunden noch!

Zurück im Living-Room, erwartet ihn die nächste Katastrophe. Anstelle der Fritteuse wird gerade ein Spielbrett aufgebaut. „Komm her, Robert, jetzt geht's los", sagt die Gabi, „jetzt spuin ma Activity. Du mit da Uschi." Wer dieses Heitere-Begriffe-Raten schon einmal gespielt hat, wird mir zustimmen, dass sich, wenn man das zu erratende Wort zeichnerisch oder verbal seinem Team-Partner näherzubringen versucht, die Peinlichkeit noch in gewissen Grenzen hält. Ist man aber gezwungen, den Begriff pantomimisch darzustellen – man steht dazu auf –, so ist das nicht jedermanns Sache. Auf gar keinen Fall ist es dem Robert seine Sache. Aber er muss.

Er zieht eine Karte, liest das Wort darauf. Auweh, „Leidenschaft", steht da. Er will schon verweigern, sagen, dass ihm das zu blöd ist. Aber das verbietet ihm wieder sein höfliches Naturell. Das er mittlerweile schon insgeheim verflucht. Hilft nicht. Er steht auf, geht um den Tisch herum, kniet sich nach ritterlicher Art hin und hält beide Hände vor die linke Brust. „Herzinfarkt!", ruft die Uschi, und die Frauschers tippen auf Schispringen. Die kleine Beverly findet das lustig, will mitspielen. Sie springt dem Robert von hinten ins Genick, schlingt die Hände um seinen Hals. Würgt

ihn. Dabei ruft sie „Hoppe, hoppe, Reiter!" und nennt ihn Onkel. Dem Robert reicht es jetzt. Mehr oder weniger sanft schüttelt er die Göre ab, steht auf und wischt sich die Bolognese vom Janker. „I mog nimma, des is nix für mi!", möchte er ausrufen, sagt aber: „Tut mir leid, des mocht mei Knie ned mit. Meniskus, verstehts?" Die anderen verstehen, man bricht ab. „Dann tun ma jetzt Bleigießen", sagt der Hans. Das Bleigießen will zuerst so gar nicht hinhauen, weil das Zeug nicht schmilzt. Als das dann endlich gelingt, lässt ein jeder seine Portion in einen mit Wasser gefüllten Sektkübel zischen und deutet die so entstandenen Klumpen. Schaun alle ziemlich gleich aus, denkt der Robert, aber die anderen erkennen allerhand Symbole. Die Urschl will in ihrem Kugerl ein Herz sehen, weil an einer Stelle des ansonsten runden Teils eine kleine Kerbe ist. Dabei schaut sie den Robert bedeutungsvoll an. Der Hans erkennt in seinem Bleistückerl gar einen Porsche 911 Carrera. „Kommt überhaupt nicht infrage", meint seine Frau dazu und erkennt in ihrem unförmigen Trum ein Flugzeug, was wiederum auf eine bevorstehende Fernreise hindeuten könnte.
Der Robert beteiligt sich kaum noch am Gespräch, er möcht' einfach nur heim. Halb zwölf ist es mittlerweile, gleich ist's geschafft. Die letzte halbe Stunde bestreiten der Hans und sein Nachbar, der Herr Frauscher, mit einer aufgeregten Diskussion über den Dieselskandal. Über die gesundheitlichen Gefahren durch die Feinstaubbelastung und die unverantwortliche Handlungsweise der deutschen Autoindustrie. Daraufhin begeben sich die beiden Männer nach draußen, es ist kurz vor zwölf, und bauen die gemeinsam erworbenen Feuerwerkskörper auf. Und pünktlich zum Schlag der Kirchturmglocken jagen sie die etwa dreihundert Euro teure Ladung in die Luft. Es

zischt und kracht und stinkt und man sieht minutenlang nicht die Hand vor Augen. Alle husten und schnäuzen ihre Taschentücher schwarz, dazwischen fallen sie sich wechselseitig um den Hals und wünschen sich Glück und Gesundheit fürs eben begonnene Jahr. Der Robert nutzt die allgemeine Aufgeregtheit und macht sich mit einem gemurmelten „Euch auch a guats Neichs" durch den dichten Schwarzpulver-Nebel davon.

Zu Hause hat er sich dann noch einen Teller Gulaschsuppe gegönnt, der Robert, und ein Seiterl. Irgendwo lief auch noch „Dinner for One". Das hat er sich in aller Ruhe angeschaut und dabei einen festen Entschluss gefasst. Nämlich den, dass er, sollte ihn wieder einmal jemand zu Silvester einladen, frei nach Karl Valentin antworten würde: „Silvester? Nein, leider, da kann ich nicht. Da bin ich daheim!"

Epilog

Aus. Ende. Schluss. Das Jahr ist vorbei, und wir – der geschätzte Onkel Franz sowie meine Wenigkeit – empfehlen uns an dieser Stelle und danken für die Aufmerksamkeit. Hoffen, Vergnügen bereitet und zur Unterhaltung der geneigten Leserschaft beigetragen zu haben.
Vieles mag an selbst Erlebtes erinnert und Zustimmung gefunden haben, manches einem aus zweiter, dritter Hand bekannt vorgekommen sein. Denn letzlich hat es uns alle im Griff, das Jahr mit seinen Stationen, so richtig kann sich keiner von uns dem vorgegebenen Takt entziehen. Aber würden wir das überhaupt wollen? Ich denke nicht. Denn irgendwie braucht er es ja auch, der Mensch, das ihm übergestreifte Korsett aus Ritus und Tradition. Wir können es sprengen, es abschütteln, aber selbst diejenigen, die vorgeben, dies anzustreben, würden es, so glaube ich, am Ende dann doch ein bisserl vermissen.
Gehört halt zu unserer Sozialisierung, in der wir aufgewachsen sind. Man muss es ja nicht immer allzu eng schnüren, dieses Korsett. Spielen wir einfach öfter etwas Onkel Franz und nehmen uns die Freiheit des ihm zugeschriebenen Eigensinns, einer gesunden Portion Sturheit.

Zum Schluss noch ein sehr persönlicher Wunsch von mir, vielleicht ein bisserl vermessen. Schon nach Erscheinen des ersten Buches über den Onkel Franz, der „Typologie des Innviertlers", haben mich Rückmeldungen erreicht, in denen mir etliche Leserinnen und Leser mitteilten, dass sie einige meiner Geschichten immer wieder gerne zu Hause im Familienkreis vorlesen. Glauben Sie mir, eine größere Freude können Sie einem Autor gar nicht machen! Nun bietet sich vorliegender Band in seiner Thematik geradezu an, diese Tradition fortzusetzen. Scheuen Sie sich also nicht, Ihr Osterfest, Weihnachten oder gar den All-inclusive-Urlaub mit einer Prise Onkel Franz zu würzen, ich würde mich freuen!

Abschließend möchte ich nicht versäumen, nochmals all jenen Dank zu sagen, die zu diesem Buch beigetragen haben. Die guten Geister meines Verlages sind hier ebenso gemeint wie das Heer meiner Informanten. Zuträger von Geschichten, die mich – wissentlich oder unwissentlich – unermüdlich versorgen mit den Eigentümlichkeiten des Banalen und der Skurrilität des Alltags. Die schönsten Szenen spielt nämlich immer noch das Leben. Und die schreibt man dann einfach auf.

So, das war's, ich muss weg. Grad höre ich den Onkel Franz mit seinem Pucherl vorfahren, der holt mich ab zum Stammtisch. Schnell noch die Schuhe anziehen und vor allem Notizheft und Stift nicht vergessen. Sicher gibt's wieder einiges aufzuschreiben.

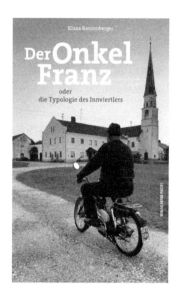

Klaus Ranzenberger
Der Onkel Franz
oder die Typologie
des Innviertlers

Der Onkel Franz ist die Tante
Jolesch des Innviertels. Mit Witz
und Esprit, vielen Anekdoten
und dialektalen Schmankerln.

160 Seiten
13,5 x 21,5 cm, Hardcover
ISBN 978-3-7025-0767-1,
€ 22,–
eBook: 978-3-7025-8001-8,
€ 14,99

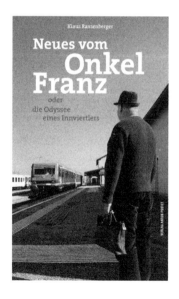

Klaus Ranzenberger
Neues vom Onkel Franz
oder die Odyssee
eines Innviertlers

Begleiten Sie das Innviertler
Urgestein bei seinem neuen
Abenteuer!

160 Seiten
13,5 x 21,5 cm, Hardcover
ISBN 978-3-7025-0900-2,
€ 22,–
eBook: 978-3-7025-8054-4,
€ 14,99

Klaus Ranzenberger
Mord in vier Gängen
Ein Burgheim-Krimi

Teil 1 der Geschichte rund um „Apotheker" und Gastronom Matthias Krantz. Ein mörderischer Leckerbissen für alle Krimi-Fans!

192 Seiten
13,5 x 21,5 cm, Hardcover
ISBN 978-3-7025-0822-7
€ 22,–
eBook: 978-3-7025-8027-8
€ 14,99

Klaus Ranzenberger
Mord ist kein Patentrezept
Ein Burgheim-Krimi

Ein mörderisch-kulinarisches Lesevergnügen aus dem Innviertel!

192 Seiten
13,5 x 21,5 cm, Hardcover
ISBN 978-3-7025-0869-2
€ 22,–
eBook: 978-3-7025-8040-7
€ 14,99

Klaus Ranzenberger
Geboren 1964 in Braunau am Inn, wo er nach wie vor lebt und einen Friseursalon betreibt. Beschäftigt sich seit frühester Jugend autodidaktisch mit Karikatur, Malerei und dem Schreiben und verfasst Kolumnen für lokale Blätter. Erfinder des „Onkel Franz", einer zeitgenössischen Innviertler Entsprechung von Torbergs Tante Jolesch, sowie der Burgheim-Krimi-Reihe im Verlag Anton Pustet.

Impressum

Bibliografische Information der Deutschen Nationalbibliothek
Die Deutsche Nationalbibliothek verzeichnet diese Publikation
in der Deutschen Nationalbibliografie; detaillierte bibliografische
Daten sind im Internet über http://dnb.d-nb.de abrufbar.

© 2020 Verlag Anton Pustet
5020 Salzburg, Bergstraße 12
Sämtliche Rechte vorbehalten.

Coverfoto: Kurt Salhofer

Grafik, Satz und Produktion: Tanja Kühnel
Lektorat: Arnold Klaffenböck
Druck: Těšínská tiskárna, a.s.
Gedruckt in Tschechien

ISBN 978-3-7025-0975-0

Auch als eBook erhältlich: eISBN 978-3-7025-8073-5

www.pustet.at